“La méditation qui ne grandit
pas l’esprit,
on lui donne ce nom
mais elle n’est qu’apaisement.
Peu d’hommes touchent
au point sensible de l’esprit,
bien peu d’hommes associent
le calme et la vision pénétrante.”

Milarepa

Sommaire

TÉMOIGNAGES, EXPÉRIENCES

ENTRETIENS

Edito

ORDER-NOTA till Avd. N:r
Skriv på samma nota endast de varor, som i numret ha samma bokstav
jämför bokstaven, och som alltså skola expedieras från samma avd.
Antal
Varans namn, färg, storlek m. m.
Kr.
öre
Till sammans
Prissättare
Uttagare
Kontrollant
Packare
Formulär N:r
Art. N:r
Art. N:r
CF
Lettre verte
FRANCE
La Poste
20g

Marc de Smedt

Quelques mots sur cette vogue de la méditation en Occident. Ce phénomène de grande ampleur répond à un besoin essentiel de la société actuelle : celui de retrouver du sens et du calme, au sein d'une course qui s'accélère. Ce besoin grandit sans cesse, bouscule les frontières traditionnelles des spiritualités, devient un centre d'intérêt largement laïc et s'étaye scientifiquement grâce à des études prouvant l'efficacité de ces méthodes venues d'Orient. Un engouement relayé par tous les médias qui, d'abord méfiants, y consacrent à présent des dossiers complets.

Pourquoi ce succès ?

Les différentes méthodes proposées prouvent, de manière concrète, qu'au-delà des aléas de la vie, par-delà la sarabande des émotions et des perplexités qui nous habitent, il existe en chaque être humain une zone de paix et de tranquillité que l'on peut convoquer à tout moment. En cela un grand adage zen, qui m'a longtemps interpellé, dit : « La méditation n'a rien à voir avec la position couchée, assise ou debout ! » Cette formule qui peut sembler dérangeante à tous ceux qui pratiquent des formes immobiles de méditation, comme le zazen ou le vipassana, ou des formes en mouvement comme le tai-chi ou le yoga, signifie en fait une seule chose : bien qu'il s'appuie sur des techniques précises de respiration consciente, sur des gestuelles particulières et sur un lâcher-prise (je deviens spectateur de ma vie et non plus acteur), l'art de méditer est avant tout une façon d'être.
Dès que je suis perdu dans mon cinéma intérieur, dès que je suis absent au monde, il me suffit de revenir à la présence de mon souffle et d'entrer dans la vaste liberté de mon esprit. On peut comparer celui-ci à un espace clair, mais parcouru, voire envahi, de pollutions diverses et même de tempêtes.
C'est ce va-et-vient entre agitation et calme intérieur qui fonde tout le processus de la méditation. Je peux méditer partout, n'importe quand, ceci peut devenir un jeu intéressant et salvateur. Se rendre compte de notre folie ordinaire en la contemplant de façon non impliquée est la base de la méditation, car selon la boutade asiatique : « Un fou qui sait qu'il est fou n'est pas si fou que ça ! » Ce constat lucide ouvre le champ des possibles, car nous nous libérons ainsi, sans cesse, de notre emprisonnement mental, ce qui nous permet à la fois d'être et d'agir différemment.
La méditation ne peut en rien être un remède total et définitif à nos problèmes de mal être : c'est juste un outil facile à utiliser pour essayer d'y voir plus ample et plus serein.

J'ai voulu réunir ici quelques personnes qui ont accepté de partager leurs savoirs et leurs expériences afin que, par diverses entrées, il soit possible de mieux comprendre l'incroyable richesse de cet univers.

La grande aventure de la méditation

Nous sommes au début d'un mouvement de fond considérable, à l'aube d'une révolution sans égale. Désormais solidement ancrée en Occident, la pratique de la méditation est utilisée pour ses vertus thérapeutiques par de nombreux médecins et psychologues.

Elle est enseignée dans l'administration américaine[1], dans de nombreuses entreprises comme Google[2], dans des écoles, ou encore dans les prisons[3]. Elle s'implante ainsi durablement, non comme un simple outil de développement personnel, mais comme une manière décisive de permettre à tous les êtres humains de développer plus d'attention et de présence à eux-mêmes et à la réalité.
Après une enfance particulièrement difficile et angoissée[4], j'ai été moi-même stupéfait de réaliser comment la méditation m'avait aidé à faire peu à peu la paix avec ma douleur. Elle m'a transformé et son effet dans mon existence ne cesse de m'étonner. Je ne me doutais pas que, vingt ans plus tard, les sciences cognitives éclaireraient le processus à l'œuvre dans ces pratiques ancestrales. En effet, grâce à des recherches de pointe, on peut désormais apprécier l'impact considérable de la méditation sur la santé, au point que de plus en plus de médecins en recommandent la pratique régulière.

Quinze à trente minutes par jour suffisent pour voir son état d'être et de santé s'améliorer. Car ce que les études ont mis en évidence, c'est que la méditation ne se contente pas de vous détendre, mais surtout qu'elle change l'esprit. Le phénomène semble peu croyable car nous sommes prisonniers d'un modèle erroné, selon lequel le cerveau humain fonctionnerait comme un disque dur d'ordinateur.
Sa configuration d'origine ou les dommages qu'il subirait seraient irréversibles. Si nous sommes nés angoissés, ou soumis à une peur paralysante à la suite d'un traumatisme, ou encore victimes d'un manque d'estime, nous n'y pourrions rien.

Ce serait dans un cas « génétique » et, dans l'autre, le poids de la « tuile » à porter toute une vie ! Or la découverte de la neuroplasticité du cerveau, c'est-à-dire de la capacité de notre cerveau de se transformer, permet de comprendre que ceux qui s'engagent dans une pratique régulière voient s'accroître les aires cérébrales correspondant à la présence d'esprit et la compassion. Ou, pour le dire autrement, nous avons une possibilité de travailler sur notre état d'être et la méditation en est l'une des voies royales. Les neurosciences nous invitent à faire une autre découverte. Nous avons pris l'habitude de considérer que toute pratique psychique ou spirituelle, étant du domaine de la subjectivité et de l'expérience qualitative, n'était ni observable ni mesurable.

Or, depuis une trentaine d'années, les recherches de pointe se sont multipliées sur ce sujet. Elles ont notamment donné lieu en avril 2012, à Denver, au premier symposium international consacré à l'étude des « sciences contemplatives ». Des centaines de neuroscientifiques, psychologues, cliniciens et méditants y ont partagé les résultats les plus récents sur les mécanismes cognitifs et neuronaux sous-tendant les pratiques contemplatives, leurs effets sur la santé mentale et physique et leurs applications possibles pour l'éducation. Désormais, il apparaît non seulement que de telles expériences « à la première personne » sont étudiables, mais que les exclure du champ de la recherche ampute notre compréhension de l'expérience humaine. Car le plus décisif n'est pas tant ce que la science nous dit de la méditation, mais plutôt la façon dont la méditation éclaire l'expérience humaine.

Qu'est-ce que méditer ?

La méditation nous transforme de manière profonde et réelle, mais comment la définir ? Il faut commencer par le plus simple. Méditer consiste à développer un sens d'attention soutenu à ce qui est, exactement tel qu'il est, sans chercher à le changer d'une quelconque manière. Elle se décompose en trois étapes : s'asseoir confortablement, se focaliser sur son souffle en le sentant entrer et sortir de soi, pour enfin, quand l'esprit s'égare – ce qu'il ne va pas manquer de faire des centaines de fois –, ramener l'attention avec douceur au rythme normal de la respiration. Tout est là.

Un premier constat s'impose : la méditation est extrêmement simple. Elle ne demande aucune compétence particulière, au contraire de l'exercice physique qui exige une certaine condition et n'est donc pas donné à tout le monde. Mais la méditation ne requiert rien de cet ordre. Seul problème : cette simplicité n'est pas facile ! Il faut souvent faire bien des efforts pour atteindre un état de réelle simplicité, et tel est tout le paradoxe de la méditation. Méditer ne consiste cependant pas à « réussir » un exercice, mais simplement à appliquer ces instructions.

Deuxième constat : il faut distinguer clairement la méditation de toute forme de relaxation ou de la jouissance de l'instant présent. Faute de cette distinction, nombre d'articles de journaux, d'ouvrages et de présentations ne font que nous égarer. Rectifier cette erreur est une des ambitions de cet ouvrage que nous avons conçu avec Marc de Smedt. Méditer ne vise pas à se relâcher : ce n'est pas comme prendre un bon bain ou se faire masser. La méditation permet de développer une plus grande clarté : elle nous rend plus présents et alertes.

Méditer est un travail rigoureux et précis pour se confronter à ce qui entrave la présence, moment après moment. Certes, la méditation nous met en rapport avec ce sens d'unité et de paix, mais elle le fait parce qu'elle nous apprend à travailler avec tout ce qui est, et non pas seulement à jouir de situations agréables. Comme l'explique le bouddhiste tibétain Chögyam Trungpa : « *La méditation ne consiste pas à essayer d'atteindre l'extase, la félicité spirituelle ou la tranquillité, ni à tenter de s'améliorer. Elle revient simplement à créer un espace où il est possible de déployer et défaire nos jeux névrotiques, nos auto-illusions, nos peurs et nos espoirs cachés. Nous produisons cet espace par le simple recours à la discipline consistant à ne rien faire*[5]. »

Car faute d'une confrontation réelle à nos propres manques, à nos propres peurs, nous ne pourrions pas entrer dans la profondeur de la présence. Rejeter les expériences douloureuses ou simplement inconfortables nous conduit au contraire à restreindre l'ampleur de notre vie et nous empêche de grandir et d'aller de l'avant.

En se répandant à travers le monde, les enseignements traditionnels se sont enracinés dans des cultures diverses

En ce sens, la méditation n'est pas un état mais une pratique. Et pour notre méditation, le lever du soleil, un sourire bienveillant ou l'éclosion d'une fleur dans la rosée constitueront un moment tout aussi important qu'un sentiment de peur, une déception ou la pluie qui secoue un ciel chargé.

Méditer, ce n'est pas vivre de beaux moments, mais entrer dans le vif de l'existence avec ses hauts et ses bas. Et en ayant une attitude ouverte aussi bien à ce qui est agréable que désagréable, nous donnons naissance à une authentique égalité d'humeur.

La mutation de l'héritage bouddhique

La méditation qui se déploie aujourd'hui en Occident vient de la tradition bouddhique, et elle semble même en constituer le cœur. Mais cela ne va nullement de soi en vérité. Dans les pays d'Asie du Sud-Est, marqués par le Theravâda, l'accent n'est, pour ainsi dire, jamais mis sur la méditation. Le Theravâda repose sur le canon bouddhique pali et son interprétation par Buddhaghosa au ve siècle. L'essentiel y est l'observance de rituels et de préceptes ainsi que la croyance dans le principe de la renaissance et du karma. Pour d'autres raisons historiques, la situation n'est pas différente dans les pays de l'Himalaya (Tibet, Bhoutan, Ladakh…).

Dans l'ensemble des pays d'Asie, le bouddhisme est lié à une certaine vision de l'existence, à l'observance de nombreux rituels, tout particulièrement pour les morts, à des pratiques dévotionnelles pour demander des faveurs – réussite aux examens, accouchement facile, succès amoureux ou dans les affaires –, mais nullement à la pratique de la méditation, surtout présente dans les années de formation des moines. Depuis plusieurs siècles, seuls quelques-uns s'engagent au sein des pratiques méditatives constantes dans les temples. Chez nous, la situation est presque inverse. Les pratiques rituelles ou dévotionnelles ne sont pas mises au premier plan et leur usage, qui a pu marquer les premières générations de pratiquants, a peu à peu été

© Rosa-Lý Bui Chave. DR.

délaissé au profit d'un engagement direct, sans médiation symbolique, dans la pratique nue de la méditation. En Asie, seuls de très rares ermites ayant un très haut niveau de réalisation s'engagent dans une telle voie.

Aujourd'hui, en Occident, la méditation se détache de son ancrage dans la religion bouddhique. Méditer n'implique nullement porter une robe de moine, chanter des mantras, allumer de l'encens ou rejoindre un groupe religieux. Nombre de gens souhaitent s'y consacrer, sans chercher le moindre ancrage dans une religion ou même une tradition spirituelle. Le phénomène est d'autant plus surprenant qu'aujourd'hui nombre de maîtres bouddhistes partagent eux-mêmes cette analyse et désirent de plus en plus présenter leur tradition spirituelle en lui enlevant tous ses habits religieux[6].

Pour eux, cela ne revient pas à renoncer ainsi à la Voie du Bouddha, mais au contraire, expliquent-ils, à lui être fidèle. Je crois qu'il est très important de comprendre ce qui se joue dans cette « laïcisation » de la méditation. Ce n'est pas un déni de la dimension spirituelle de l'existence, ni une négation de son ancrage bouddhiste, mais plutôt une façon de revenir à l'essentiel en allant au cœur de la pratique, sans se perdre dans les formes extérieures.

Comment la méditation s'est développée en Occident

Comment ce qui fut l'un des sommets de la voie bouddhique, réservé à une élite, est devenu chez nous aussi populaire ?
Si l'on veut comprendre ce phénomène, il faut revenir à l'histoire de son implantation. La pratique a été introduite en Occident par plusieurs maîtres qui étaient tous en marge de l'institution bouddhique – que l'on songe par exemple à Taisen Deshimaru, Chögyam Trungpa ou Daisetz Suzuki. Tous ont senti que, dans la situation d'obscurcissement de la tradition qu'ils avaient observée en Orient, il fallait revenir à la source.

C'est là le grand paradoxe. Là où nous idéalisons l'Orient en voyant cette terre comme un refuge spirituel, les maîtres les plus importants de cette tradition, voyant la disparition de toute pratique spirituelle chez eux, sont venus en Occident tenter de la transmettre à neuf. La force de leur enseignement est venue de leur liberté de parole. Et aujourd'hui, si presque tous les représentants de cette génération ne sont plus parmi nous, leur exemple ne cesse de marquer tous ceux qui transmettent la pratique de la méditation.
En partie grâce à eux, le bouddhisme venant en Occident n'a pas cherché à affirmer une orthodoxie quelconque, mais s'est posé la question de son inculturation – d'une manière surprenante pour un Occidental qui ne connaît que les religions révélées, beaucoup plus soucieuses d'orthodoxie.

Le Dalaï-Lama explique ainsi : « *Il faut distinguer les enseignements essentiels du Bouddha et la culture. En se répandant à travers le monde, les enseignements essentiels se sont enracinés dans des cultures diverses : on parle du bouddhisme tibétain, chinois, thaïlandais... Au regard de cette histoire, il est tout à fait possible que les enseignements essentiels s'ancrent dans la culture occidentale et qu'il existe un jour un bouddhisme occidental.* » La présentation la plus laïque de la pratique de la méditation ne va pas à l'encontre de ce dessein : au contraire, elle y participe.

Enfin, de nombreux Occidentaux qui se sont engagés dans la pratique de la méditation il y a plusieurs décennies sont devenus à leur tour enseignants. Ils ont pour la plupart confronté les diverses traditions méditatives et en particulier la tradition du Theravâda, celle du zen et, enfin, l'approche du bouddhisme tantrique tel qu'il s'est développé au Tibet. Nous mesurons mal l'événement qu'est cette rencontre. L'œuvre de Jon Kabat-Zinn, qui nous apparaît comme le travail de laïcisation le plus extrême – puisque Kabat-Zinn a introduit la méditation dans les hôpitaux et créé un programme en huit semaines pour alléger le stress en utilisant un langage objectif et scientifique –, vient pourtant, comme il en témoigne lui-même, de cette triple tradition. Cette rencontre a permis de mesurer concrètement ce qui est culturel dans les traditions méditatives – ce qui, par exemple, est proprement japonais dans le zen – et ce qui est au contraire le plus universel.

Fort de cette découverte de l'unité de la méditation, cette génération, qui inclut aussi bien Kabat-Zinn, Kornfield que Salzberg, a trouvé des manières vivantes, simples et rigoureuses de présenter la méditation, qui expliquent leur succès actuel.

Mon propre travail s'inscrit dans cette perspective ouverte par ces aînés. Car j'ai appris la méditation avec des maîtres tibétains qui avaient passé, pour certains, des années en retraite solitaire dans les montagnes du Tibet avant de devoir le fuir au moment de l'invasion chinoise. Ce fut un entraînement exigeant, souvent ardu, mais tellement profond. Vingt-cinq ans après, ce qui m'importe est de transmettre une vision juste de la pratique, sans avoir besoin pour autant de garder toutes les formes culturelles qui finissent par constituer ce que Ponlop Rinpoché nomme un « épouvantail », c'est-à-dire un ensemble de formes que l'on respecte mais qui ne permettent pas de toucher le cœur de la transmission.

La méditation en Occident : une rencontre préparée de longue date

Si la pratique de la méditation a un tel impact, c'est en grande partie parce que l'Occident était prêt à la recevoir. Voilà un phénomène qui n'apparaît pas au premier regard, mais qui n'en est pas moins décisif et fondamental. L'Occident était prêt à accueillir la perspective méditative parce qu'elle répond à des questionnements et des enjeux qui le travaillent depuis deux siècles. Je crois que l'on peut distinguer trois domaines où cette nécessité est apparue.

Premièrement, toute une tradition de pensée a dénoncé, depuis près de deux siècles, l'idéalisme de l'Occident qui nous empêche d'avoir un contact avec la simplicité du présent. La méditation témoigne d'un rapport au monde qui rompt avec un certain dualisme – et du coup elle ne nous apparaît pas comme un exotisme, mais comme une réponse à un appel profond. Deuxièmement, nous faisons face à une crise de l'expérience qui nous plonge dans une distance abyssale par rapport à nous-mêmes. La méditation nous aide à surmonter cette crise. Enfin, la révolution de la modernité poétique a donné droit à une nouvelle compréhension de la présence à soi qui nous permet de mieux comprendre le sens de la méditation.

Nietzsche s'est engagé dans une critique profonde de la situation où il trouve l'Occident. Sa pensée a créé un immense séisme qui a influencé non seulement des philosophes mais aussi des écrivains, des hommes politiques et un nombre considérable de lecteurs anonymes. Si bien qu'aujourd'hui, même ceux qui n'ont jamais lu une ligne de lui sont profondément marqués par ses analyses qui ont infusé dans notre culture. L'Occident, se rend-il compte, est en train de traverser une crise majeure qui le conduit à favoriser les forces de mort et non de vie. Il constate que nous vivons dans un monde coupé en deux. D'un côté, le monde concret, celui où nous vivons, qui est dénigré au profit d'un autre, idéalisé – celui de la philosophie abstraite ou celui de la religion.

Du coup, nous n'arrivons pas à donner vraiment droit à notre existence qui n'est pas considérée comme essentielle. Or c'est notre vie, ici et maintenant, explique Nietzsche, qui vaut d'être vécue pour elle-même et à partir d'elle-même et non pas en vue d'une fin : la promesse d'un paradis, qu'il soit social ou chrétien.

> *« Si quelqu'un me demande pourquoi je pratique, je répondrai que c'est pour avoir l'esprit bien orienté. »*
>
> Shunryu Suzuki

La pratique de la méditation répond profondément à ce questionnement qui a traversé un grand pan de la pensée occidentale. Méditer, dans ce contexte, c'est apprendre à regarder le présent vivant pour en découvrir la pleine richesse. Loin d'être insignifiante, la réalité la plus concrète se révèle comme ce que nous devons réussir à habiter. Sans la critique de Nietzsche, la méditation en Occident n'aurait pas beaucoup de sens et nous apparaîtrait comme une nouvelle prière en vue d'atteindre un paradis, ou une rêverie pour ceux qui ont peur de la réalité – ce qu'elle s'avère être encore pour certains.

En vérité, nous sommes devant un choix : soit nous allons vers un désespoir de plus en plus abyssal que Nietzsche nomme nihilisme, soit nous trouvons une forme de pratique qui nous ancre dans la réalité. C'est en partie pour cette raison que le neuroscientifique Francisco Varela écrivit : « *La redécouverte de la tradition bouddhique est une seconde renaissance dans l'histoire culturelle de l'Occident, son impact sera aussi important que celui de la redécouverte de la pensée grecque lors de la Renaissance européenne*[7]. »

Il existe un autre pan de la civilisation occidentale en crise auquel la pratique de la méditation répond : la coupure du corps et de l'esprit. Si l'Occident se dit cartésien, ce n'est pas tant par souci de précision et de rationalité que parce qu'il croit fermement à cette séparation du corps et de l'esprit. L'esprit revient, pour lui, à n'être que de la pensée, le corps étant réduit à de l'organique et même à de la mécanique. Pour nous, désormais, non seulement notre corps, mais tous les vivants et la terre ne sont que des rouages qu'il s'agit d'étudier et de maîtriser. La crise écologique, minimisée par la plupart des dirigeants politiques et économiques, nous révèle l'étendue des dégâts qu'engendre cette manière de penser et fait peser une grave menace sur l'avenir de l'humanité.
Cette attitude face à la réalité a des effets non seulement sur la nature, sur la société, mais jusque sur notre expérience la plus intime. Nous n'arrivons plus à penser simplement l'unité du corps et de l'esprit. Par exemple, un souci d'ordre psychologique peut générer une maladie physique et, inversement, une simple manière de se tenir voûté ou droit change notre état d'esprit. En sur-intellectualisant l'esprit et en privant le corps de toute intelligence, nous nous sommes coupés de la réalité. Cette coupure entraîne nombre des maladies psychiques et des états dépressifs qui frappent de plein fouet les sociétés occidentales.

Or Nietzsche, mais aussi la phénoménologie, comme nombre d'artistes et de penseurs, vont essayer de montrer l'urgence pour l'Occident de retrouver des manières de tisser de nouveaux liens entre le corps et l'esprit. La méditation nous apprend, de manière directe, à synchroniser le corps et l'esprit. Elle nous permet d'éprouver leur unité et la manière dont notre rapport au monde s'en trouve transformé. Au premier chef, nous nous ancrons et relions davantage à la réalité. C'est en ce sens que Francisco Varela, pensant au lien entre la pensée occidentale et la méditation, intitula son livre : *L'Inscription corporelle de l'esprit*. Il savait que là était le grand défi que nous avons à relever. La méditation nous fait découvrir que le corps est ce qui nous permet d'être pleinement là, présent au monde.

Cette dualité est bien connue, ce qui l'est moins, ce sont ses conséquences dans nos vies. L'une des plus prégnantes est la dichotomie que nous établissons entre le théorique et le pratique, qui revient à mettre à part la connaissance et l'action. Ainsi, lorsqu'on veut faire les choses concrètement, on ne cherche pas à avoir une vision claire de la réalité. Et lorsqu'on cherche à connaître, c'est en se coupant de toute considération pour la vie concrète ou l'existence quotidienne.

On aboutit alors soit à une action soumise aux exigences de la rentabilité – qui vide l'existence de son sens –, soit à un savoir totalement abstrait qui mesure tout de l'atome aux galaxies en oubliant au passage d'éclairer tous les aspects de nos vies. Nous voici donc condamnés à être ou bien aveugles et efficaces, ou bien savants et abscons…

La méditation nous apprend à retrouver l'unité entre pensée et agir, à ne pas séparer la vision d'une situation de notre manière de nous comporter. Elle nous fait découvrir qu'il existe une connaissance qui n'est ni purement théorique, ni purement pratique, mais qui repose sur un engagement profond dans l'existence.

Les quatre dimensions de la méditation

En voyant ainsi la manière dont la méditation s'implante durablement dans nos sociétés et répond au plus profond de la crise de l'Occident moderne, on comprend qu'elle repose sur la transmission d'une perspective révolutionnaire sur notre propre existence. Si sa technique est profondément simple, elle invite pourtant à comprendre le sens de ce que nous faisons.

Méditer consiste à apprendre à entrer en rapport avec le présent – et à découvrir que, le plus souvent, nous sommes prisonniers de pensées et d'émotions liées soit à notre passé, soit à notre futur.

En pratiquant, nous apprenons à entrer en contact avec un présent beaucoup plus ample que nous ne le pensons habituellement. Mais ce n'est pas facile. Car la plupart du temps, nous nous moquons du « maintenant ».

Nous voulons seulement avancer. Faire ce que nous avons à faire en vue d'un résultat qui nous obsède. Ou alors, nous restons prisonniers du passé, préoccupés par nos regrets, nous sentant coupables, aigris ou encore pleins de ressentiment.

Une telle affirmation n'est pas une révélation métaphysique mais un simple constat. Il est difficile d'être pleinement là où nous sommes, sans nous inquiéter de ce qui pourrait arriver, sans ressasser sempiternellement les mêmes choses passées.

La principale erreur que nous faisons alors est de croire qu'en réfléchissant sans cesse au même problème, nous allons arriver à une réponse satisfaisante. Nous avons un rendez-vous qui nous angoisse, aussi envisageons-nous inlassablement tous les scénarios. Cela ne rend pas du tout la situation plus détendue : au contraire, nous nous contractons de plus en plus. C'est seulement en revenant au présent que nous pourrions découvrir des ressources inattendues et bénéfiques.

La méditation, contrairement à ce que l'on croit souvent, n'a rien d'un travail d'introspection. Nous apprenons simplement à coller à la réalité telle qu'elle est. Or comme notre tendance habituelle à anticiper le futur et ressasser ce qui a eu lieu est forte, il faut simplifier le champ de notre attention pour réussir à nous en délivrer.
C'est pourquoi, dans la pratique, nous commençons par porter attention à notre respiration. Elle est là comme un symbole de la réalité tout entière. Parce que l'objet de notre attention est aussi simple, il est beaucoup plus aisé de remarquer quand nous sommes présents et quand nous ne le sommes pas.

Nous apprenons ainsi, peu à peu, à être plus ouverts à la réalité. Quand quelqu'un nous parle, nous pouvons voir si nous l'écoutons ou si nous cherchons juste à dire ce que nous avons déjà en tête, ou si nous pensons à autre chose.
En ce sens, la méditation donne naissance à une clarté qui nous permet de « voir les choses telles qu'elles sont ». Nous découvrons ainsi une forme d'intelligence qui n'a rien d'intellectuel – et c'est même une intelligence désintellectualisée –, qui tient de l'intuition ou de la vue claire d'une situation.

Donner de l'espace à l'esprit

Aussi, il faut comprendre que la méditation n'a pas pour finalité de nous faire vivre des états d'extase mystique, mais de faire naître en nous une véritable saisie de la situation où nous nous trouvons. Méditer, ce n'est pas se réfugier dans une tour d'ivoire, mais être plus profondément en rapport avec la réalité.
Méditer, c'est faire face à ce qui arrive, moment après moment, sans nous juger d'aucune manière. Simplement, porter dans la lumière de l'attention les pensées, les émotions, les inquiétudes qui nous traversent. Cette attitude, à sa racine, est bienveillante. Elle nous apprend à cesser cette lutte souvent agressive que nous menons contre nous-mêmes, en nous forçant à faire ce que nous avons décidé.

Entrer en amitié avec soi implique d'apprendre à développer un regard moins dur et plus sain envers tout ce qui est.
C'est trouver le véritable chemin de la transformation – celui qui n'est pas fondé sur la haine mais sur la tendresse, celui qui n'est pas agression mais confiance.

Méditer, c'est aussi apprendre à rester là, en rapport avec la verticalité de notre posture et avec la solidité de la terre. Toute personne est confrontée à des situations parfois difficiles voire chaotiques. Méditer nous apprend à garder une certaine tenue dans le tumulte. Or, pour l'être humain, aucune fixité n'est possible. Tout change et évolue. La méditation nous apprend à accepter ce mouvement de l'existence en gardant un sens de décence, de dignité, de confiance. Nous sommes là, simplement. Acceptons cette situation. Nous pourrions même éprouver le sentiment que nous déposons le fardeau que nous portons toute la journée sur nos épaules. Rien à faire ou à réussir : juste être. Tel est le vrai secret de la méditation. Arrêter cette lutte ordinaire et incessante et découvrir un sens d'être primordial.

Ce que nous sommes maintenant est tout ce que nous avons. Nous avons tous des fonctions diverses : nous sommes père de famille, employé de telle compagnie, nous avons obtenu des formes diverses de reconnaissance. Nous nous identifions à ces caractéristiques. La méditation nous fait découvrir un sens d'être qui ne dépend d'aucune identité précise. Avant d'être père ou mère : être. Quel soulagement ! Je crois que là réside l'une des plus précieuses découvertes que nous permet de faire la pratique de la méditation.

Les rançons d'un succès ?

La méditation est en train de s'implanter durablement. Elle entre dans la vie de milliers de gens sans du tout être perçue comme étrangère ou mystique. Nous ne sommes cependant qu'au début d'une révolution qui reste à mettre en œuvre.
Je ne crois pas, malgré tant de discours actuels, que nous soyons à l'orée d'une révolution des consciences. Tout montre bien plutôt l'inverse : le triomphe de l'économie dans la brutalité de la gestion de tout ce qui est, la négation de tout équilibre naturel. Il me semble que ces auteurs prennent leur rêve pour la réalité.

En revanche, la méditation offre une véritable chance pour notre monde. Car il ne s'agit pas d'essayer d'accoucher d'une conception de plus, d'un projet nouveau, mais de redonner droit, de façon concrète et directe, à l'expérience humaine. Et, de manière révolutionnaire, nous apprendre un autre rapport à nous et au monde que celui reposant sur la domination mécanique de la réalité dans son ensemble.

Ici, tout reste à faire : intégrer davantage encore la pratique de la méditation dans l'éducation, inventer une culture qui ne soit plus tournée vers le passé – vers ce que Nietzsche nommait très justement l'histoire antiquaire –, mais apprendre à retrouver un rapport sain au présent vivant et à la possibilité d'un commencement qui préserve l'avenir. Trouver de nouvelles manières de penser l'art, l'éducation, l'être ensemble, c'est-à-dire, au sens propre, la politique. Et c'est à ouvrir ce grand chantier que ce livre voudrait contribuer.

Je suis cependant inquiet, car je vois une très sérieuse menace qui risque de mettre à mal cette incroyable possibilité : faire de la méditation un simple instrument de bien-être, qui participerait du triomphe de l'économique dans toute sa barbarie. Car il ne faut pas s'y tromper : si la méditation vise à nous rendre plus calmes, moins stressés pour être plus efficaces et plus rentables au travail, alors elle ne nous aidera pas.
Le phénomène n'est pas évident à repérer. Notre temps, marqué par la dictature de l'utilité, conçoit toute chose et se rapporte à toute chose à partir de la perspective instrumentale. La première question que l'on me pose, chaque mercredi soir lorsque je présente publiquement la méditation, est « à quoi cela sert-il ? ».

Or le sens même de la méditation est de nous libérer de ce type de question, et par là de cette dictature de l'utilité que nous subissons en permanence. Comme dire à quelqu'un que nous l'aimons, comme la poésie, comme le fait de prendre soin d'une personne qui se sent mal, la méditation ne se comprend pas à partir de l'utilité, mais de l'humanité en nous. C'est cette dimension qui donne toute sa beauté et sa richesse à l'existence humaine. La méditation ouvre la possibilité d'un autre humanisme. C'est lui qu'il faut favoriser.

1. Cf. par exemple l'action du Center for Contemplative Mind in Society : http://www.contemplativemind.org/programs/military.

2. Cf. l'ouvrage de Chade-Meng Tang, *Connectez-vous à vous-même*, éditions Belfond, 2014.

3. L'efficacité de la pratique méditative a été démontrée en Inde, à Tihar, où un programme pour prisonniers a donné des résultats très impressionnants. Voir le documentaire d'Ayelet Menahemi et Eilona Ariel Doing Time, *Doing Vipassana* (1997), diffusé sur de nombreuses chaînes de télévision.

4. J'ai évoqué cette enfance dans mon livre, *Auschwitz, l'impossible regard*, Le Seuil, 2012.

5. Chögyam Trungpa, *Le Mythe de la liberté et la voie de la méditation*, Le Seuil, 1979, p. 16.

6. Cf. par exemple l'ouvrage de Ponlop Rinpoché, *Bouddha rebelle*, Belfond, 2012, Marabout, 2014.

7. Francisco Varela, *L'Inscription corporelle de l'esprit*, Le Seuil, 1993, p. 51.

Né en 1967, Fabrice Midal est un philosophe passionné par le bouddhisme et l'art contemporain.
Auteur d'une vingtaine d'ouvrages dont *La Méditation*, chez " Que sais-je ? " *L'Amour à découvert*, au Livre de Poche et *Frappe le ciel, écoute le bruit*, aux éd. Les Arènes.

“ *La vraie méditation se réalise dans la façon dont vous vivez votre vie.* ”

Jon Kabat-Zinn

Élisabeth Marshall-Hannart

Huit semaines en pleine conscience

Comment une journaliste surstressée décide de se prendre en main en suivant un stage pour apprendre à s'éclaircir le mental.

C'est un bel intérieur lumineux et spacieux comme une vaste demeure dont je visiterais virtuellement une à une toutes les pièces. Me voici spectatrice amusée du ballet de mes pensées et de mes émotions qui passent, sans s'appesantir, tels de légers nuages. Le temps s'installe, soudain élastique. Je me sens bien, émue de sentir que là, derrière mes yeux clos, il est un espace intérieur beaucoup plus ouvert que je ne l'imagine. Voici que ce soir, je visite pour la première fois le champ de ma conscience. C'est ma cinquième semaine de pratique et la méditation de pleine conscience vient de me faire son cadeau... de bienvenue.

Soyons clair, je ne suis pas une vraie méditante, plutôt une aspirante à une vie plus consciente, plus posée, plus sereine. Mon quotidien, comme nombre d'entre nous, est fait de stress, de course après le temps, de journées trop courtes pour tout faire et d'aspirations à en faire moins et plus posément. Depuis de nombreuses années, je poursuis, à travers mes enquêtes journalistiques, mais aussi dans ma vie personnelle, le fil de la spiritualité. Par l'expérience vivante de la prière chrétienne, mais aussi dans une recherche de ce qui nous relie à l'intériorité. Comment pratiquer ? Si ce n'est en entrant par le corps, le geste, et par là même avec tout mon être, dans une disponibilité à la vie intérieure. Et comment inscrire ce chemin en moi pour le retrouver à tout instant ?

La découverte de l'assise silencieuse, dans le cadre du développement personnel, fut pour moi, il y a quelques années, un éblouissement. C'était là, « assise, immobile, en silence », que je me mettais en présence. Mais ma vie de femme active et de mère attentive ne me laissait guère... le temps de m'asseoir ! Il me fallait franchir un pas de plus, trouver au cœur même de mes journées le moyen de garder le fil... et le temps de l'essentiel. Aussi, c'est armée d'une vraie motivation que je me lançais ce dernier automne dans un cycle de huit semaines d'expérimentation de la mindfulness : la méditation de pleine conscience. Un protocole laïque et bien cadré qui combine la méditation et le yoga et propose – à raison d'une rencontre hebdomadaire avec un instructeur et d'une pratique personnelle quotidienne d'exercices guidés – de se familiariser avec la MBSR : la *Mindfulness Based Stress Reduction*.

Un professeur américain médicalise la méditation

Derrière ce programme au nom high-tech, l'intuition moderne d'un Américain, professeur de biologie moléculaire, Jon Kabat-Zinn, qui a, en 1979, l'idée de laïciser la méditation bouddhiste pour la faire entrer dans le monde médical et lui donner droit de cité à l'hôpital. Son but ? Apporter un outil pratique et opérant face au stress des malades et des soignants, mais aussi aider l'Occidental bousculé à retrouver, par le corps et la respiration, le chemin de sa vie avec un nouveau calme intérieur et une autre façon d'aborder son quotidien.

Développer une présence consciente à sa journée ? Porter intentionnellement son attention instant après instant sans jugement ? L'entreprise n'est pas si facile. C'est sous l'œil bienveillant des bouddhas dorés du Centre Kalachakra, dans un bel espace au parquet blond et aux coussins prune, que nous voici avec notre instructrice à une bonne vingtaine de participants entre 30 et 60 ans, assis en carré, méditant qui sur son coussin, qui sur sa chaise.
Au doux silence de notre cocon intérieur, derrière la vitre teintée, répondent les rumeurs de la ville : échos de la rue, voix des passants, cliquetis mécaniques du camion poubelle..., qui accompagnent nos méditations. Comme une illustration de notre apprentissage. Il ne s'agit pas en effet avec la mindfulness de s'extraire du quotidien, mais bien de s'y couler avec un autre regard, une nouvelle perception des choses et de créer, par la répétition d'exercices balisés, d'autres habitudes pour rééduquer notre attention.

Passer le corps et l'esprit au scanner intérieur

Mais voici justement le *body scan*. Notre premier « devoir maison », à raison de 45 mn par jour, au choix matin ou soir, à pratiquer au sol, sur un tapis ou un matelas, dans un endroit calme. Allongée, je prête attention à chaque instant de ma respiration (vous êtes-vous déjà surpris à suivre vraiment le mouvement de votre souffle ?), puis je « contacte » les sensations de chaque partie de mon corps, depuis la plus infime (le fameux orteil gauche par où tout commence !) jusqu'à la plus intérieure (le cerveau dans la boîte crânienne ou les tendons inexplorés du genou).
À chaque partie nommée, il s'agit simplement de SENTIR. Non pas penser à son doigt de pied ou le visualiser, non !, lui prêter attention, avec une curiosité bienveillante. À lui exclusivement, une fois dans la journée. Et pour nous, les Occidentaux conceptuels et déconnectés du corps, coupés de l'expérience présente, c'est la plus simple et la plus belle expérience qui soit. Au début, c'est selon, on s'énerve ou l'on s'endort. Dans le premier clan, on trouve des impatients dans mon genre, spécialistes de l'agitation mentale, pressés d'en arriver au sommet du crâne et qui n'arrêtent pas de lister en pensée tout ce qu'ils ont à faire... après.

S'initier à la méditation de pleine conscience

STAGES

Avec des stages de cinq jours ou dans un protocole de huit semaines, intégré à votre quotidien.
Un entretien préalable avec le formateur et une séance d'information vous permettent de poser toutes les questions avant de vous lancer.
ADM (Association pour le développement de la mindfulness)
www.association-mindfulness.org

LECTURES

Au cœur de la tourmente, la pleine conscience, Jon Kabat-Zinn, De Boeck, 2009 ou J'ai lu, 2012.
L'ouvrage de référence, un manuel complet de MBSR avec le programme en huit semaines par le fondateur de la Clinique de réduction du stress et du Centre pour la pleine conscience en médecine (Université du Massachusetts).

Méditer jour après jour : 25 leçons pour vivre en pleine conscience, Christophe André, L'Iconoclaste, 2011.
C'est la pratique qui a changé sa vie et ce psychiatre, qui fut l'un des premiers à l'introduire en France, nous initie en douceur à partir de la contemplation d'œuvres d'art et grâce à un CD d'exercices simples.

Dans l'autre, ceux qui ne parviennent pas à garder la conscience éveillée et s'endorment dès les premières minutes. Alors, de jour en jour on s'astreint, on pratique, contraints et forcés au début, agacés certains jours par la discipline, et émerveillés d'autres matins d'éprouver cette belle sensation d'être vraiment là et pas ailleurs, présents à soi et bien vivants, prêts à savourer les saveurs inédites du jour qui commence.

Intégrer la montagne en soi

Un avis de vent frais s'annonce ? Une pluie orageuse sur votre journée ? Alors, redressez-vous, expérimentez cette fois la méditation dite de la montagne. Assis, respirant, le dos droit, stable sur un coussin, visualisez le sommet de votre choix, une belle montagne avec sa base solide enracinée dans la roche et son sommet élancé qui tutoie les nuages. Vous y êtes ? Alors vous pouvez maintenant « intégrer » cette montagne en vous, accueillir sa force et sa dignité.
Le corps assis devient la montagne, la tête son sommet, les bras ses côtés, le bassin et les jambes sur le coussin sa base inébranlable. Passent le jour et la nuit, la lumière et l'obscurité, le calme et les intempéries, et la montagne, toujours, est là immuable...
Méditer avec la montagne, je le découvrirai, c'est apprendre à faire l'expérience du changement dans la tranquillité. Ce n'est pas s'extraire de la vie pour s'en protéger, mais au contraire accepter sa nature changeante, se laisser mouiller par la pluie, chauffer par le soleil, vivre les émotions sans s'y laisser emporter. Accepter d'être touché par la vie, sans perdre sa stabilité et demeurer cette base solide sur laquelle les autres peuvent compter. Comme un essentiel pour ne pas se perdre...
De semaine en semaine, la pratique s'enracine. Les exercices se suivent et les jours ne se ressemblent pas. Car en matière de méditation, on ne capitalise pas. Chaque expérience est un éternel recommencement. C'est ce qu'on appelle joliment « l'esprit du débutant ». Tout au plus s'installe au quotidien, encouragé par la fidélité des rendez-vous, un indicible désir... de s'asseoir. Et puis, les terrains d'exercice ne manquent pas.

Je découvre bientôt la pratique en mouvement : des pas en pleine conscience, des postures de yoga, debout ou au sol, des gestes déployés lentement en s'attachant d'abord

au ressenti, à la qualité de présence consciente. Au-delà de la pratique formelle, nous voici invités aussi à transformer notre quotidien.

À bien regarder, la vie vous offre de multiples occasions d'aiguiser votre attention, de travailler le souffle et l'éveil. En se douchant, en se brossant les dents, en faisant sa gym ou en marchant dans la rue... Traverser par exemple le grand hall de la gare Saint-Lazare à huit heures du matin en pleine conscience, ça vous change une femme pressée ! Car soudain – faites l'expérience ! – vous ouvrez grand le regard, et vous voyez enfin d'autres visages ! Votre marche attentive se meut en un ballet agile, je me glisse dans la foule, attentive à la présence de mes compagnons voyageurs. Être en soi et avec les autres, c'est décidément possible.

Chaque bouchée doit se déguster en conscience

Manger en pleine conscience peut aussi devenir votre grande aventure du quotidien. Nous en ferons l'expérience dès la deuxième semaine. Pour commencer, prenez un grain de raisin sec et accordez-vous dix minutes pour le déguster, en le regardant, le humant, le sentant, l'écoutant (si, si !), en le goûtant enfin pour le découvrir paré de toutes sortes de surprises... Si l'expérience vous a convaincu, tentez-la sur un repas entier. En commençant chez vous en solitude avant d'expérimenter, pour les plus aguerris, à la cantine avec vos collègues ! Goûter chaque bouchée en conscience peut prendre un peu plus de temps que d'habitude... Ici, soulignons l'avantage (même s'il n'y a pas d'objectif, précisons-le, en pleine conscience !) pour les grignoteuses dans mon style : on ne dévore pas un paquet de biscuits entier en pleine conscience, non, on en mange deux ou trois et on s'arrête car, désormais, on a quitté les automatismes.
Et que diriez-vous de cet exercice de la troisième semaine ? Choisir durant sept jours de s'accrocher à des sensations agréables : petits moments doux à déguster hors de l'agitation comme un petit déjeuner au soleil ou une marche au grand air... En fait, en mindfulness, vous devenez votre propre laboratoire, tout en découvrant qu'en s'exerçant sur soi à la présence, on se rend plus réceptif à celle des autres ! Magique !

Comment surmonter le stress quotidien

Mais tout ça, c'est un monde idéal, disent les sceptiques. Et que faites-vous du vrai stress, de la course quotidienne, des enfants qui râlent et du conducteur qui vous agresse, de la vie qui vous heurte avec ses mauvaises nouvelles ? Eh bien, justement, nous voici en quatrième semaine avec un enseignement sur l'impact du stress chronique. Petit éclairage théorique hebdomadaire, comme nous en aurons tout le long du programme. Car à bien sentir, il n'est pas exclu, pour les têtes pensantes que nous restons, de vouloir comprendre. Résumons pour faire simple la théorie en question. Paramétré depuis les cavernes pour réagir vigoureusement aux vrais dangers, notre corps se mobilise dès qu'il perçoit une menace. Le sang afflue vers les mains et les pieds (j'en aurai besoin pour attaquer ou partir en courant !), mes hormones affluent, mes poils se hérissent, mon regard se fait plus perçant... Seulement voilà, on ne croise pas un loup ou un dinosaure tous les jours, mais notre cerveau, constate Jon Kabat-Zinn et les études dont il s'inspire, ne fait pas la différence entre la menace existentielle et la menace psychologique ! Alors conclusion, on se stresse pour pas grand-chose. Il est donc urgent de se calmer, de se réajuster pour ne pas mobiliser, pour un oui ou pour un non, le grand jeu ! De ne pas confondre, par exemple, son voisin agressif avec un ours des cavernes...

Le changement de regard… et d'être

Toute à mes exercices et à ma chasse au stress, je n'ai pas vu passer les huit semaines. Nous avons encore expérimenté la méditation en silence sur toute une journée, goûté l'écoute en pleine conscience, attentifs aux bruits tout proches ou aux sons plus lointains, médité des histoires zen et des instructions pratiques. Nous avons échangé sur nos expériences, nos petites victoires et nos vrais obstacles, à chaque étape. Ri de nos découvertes et de nos vérités partagées, tout à la joie d'être menés en douceur par la voix paisible et la conduite assurée de notre guide expérimentée. Et c'est presque la larme à l'œil que nous voici, mes compagnons et moi-même, au terme du parcours. Prêts à retourner, pour de bon cette fois, vers la « vraie vie ».

À méditer de concert dans le sourire et l'attention silencieuse, il s'est créé un vrai lien. Sans avoir jamais vraiment pris le temps de décliner nos CV, nous sentons bien combien cette complicité-là nourrit des rapports humains authentiques.

Quant à moi, si bilan il faut faire, je m'aperçois que j'ai changé de regard. Je partais en imaginant tous les bouleversements que je devrais accomplir à la force du poignet. Et, huit semaines après, rien n'a bougé en apparence dans ma vie, je n'ai changé ni de travail, ni de religion, ni d'option fondamentale, mais c'est toutes ces facettes de ma vie justement que je regarde autrement. Me voici remotivée pour mon métier (et pourtant ma rédaction ne m'a pas financé la formation !), stimulée dans ma créativité, mes projets, mes idées, mes relations à mes proches. Avec une clarté d'esprit qui me réjouit ! Et la conviction que ce chemin-là m'a été offert pour mieux approfondir tous les autres. Je sais désormais que l'assise est là, chaque jour, à portée de mon tapis... et de mon désir. À tout moment, je peux m'ancrer dans la respiration et rentrer à « la maison ». Et dans cette maison-là, je le devine, les volets sont grands ouverts et la lumière entre à plein.

Né en 1943 à Philadelphie, Robert Crumb est une figure de proue dans la grande période hippie des années 1960 du comix underground pour adultes. Ses héros célèbres *Fritz the Cat* et *Mr Natural* nous ont fait hurler de rire. Il a réalisé l'adaptation de *La Genèse* en BD, chez Denoël Graphic. *Mr Natural* a été réédité par les éditions Cornélius fin 2014.

Elisabeth Marshall-Hannart est rédactrice en chef de l'hebdomadaire *La Vie.*

Aurélie Godefroy

La méditation face à la science

DEPUIS QUELQUES ANNÉES AUX ÉTATS-UNIS, EN EUROPE, EN INDE, EN RUSSIE… DES LABORATOIRES ÉTUDIENT LES CHANGEMENTS APPORTÉS DANS LE CORPS ET LE CERVEAU PAR LA MÉDITATION.

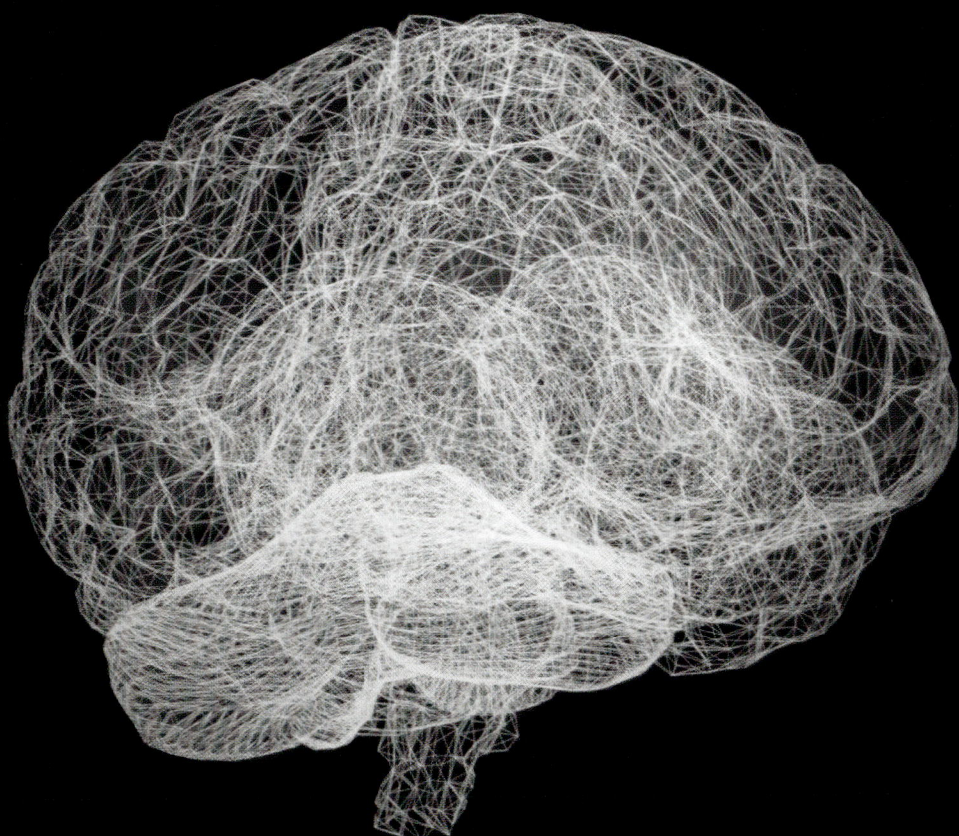

L'IMAGE EST CÉLÈBRE : 256 CAPTEURS SONT BRANCHÉS PAR LE NEUROLOGUE RICHARD DAVIDSON, DE L'UNIVERSITÉ DU WISCONSIN, SUR LE CRÂNE DU MOINE BOUDDHISTE MATTHIEU RICARD !

Les scanners montrent alors que lorsqu'il médite, le cerveau du moine produit un niveau d'ondes « gamma » lié à la conscience, l'attention, l'apprentissage et la mémoire jamais relevé auparavant dans la littérature de la neuroscience, de l'aveu même du chercheur.
Héritée des pratiques orientales, la méditation est désormais validée par la science, avec des effets bénéfiques mesurables sur le bien-être psychique et la santé. Les prémices de cet intérêt se font sentir dans les années 1950, lorsque quelques études « rudimentaires » se portent sur des personnes allant en Inde, puis sur les pratiquants du zen dix ans plus tard. Mais il faut attendre les travaux du neuroscientifique français d'origine chilienne Francisco Varela pour que le champ de la méditation soit réellement abordé dans un cadre expérientiel et thématique. Ce dernier fonde en 1987 l'Institut Mind and Life et décide, dans la foulée, d'organiser à Dharamsala avec le Dalaï-Lama, un forum où méditants et scientifiques se retrouvent régulièrement pour échanger leurs idées. Ils lancent ensemble un programme de recherches : celui des « neuro sciences contemplatives » qui permettent de mesurer les effets cérébraux de la méditation à court et long terme sur l'attention, la compassion, mais aussi l'équilibre émotionnel. Au début très discrètes, ces rencontres prennent au fil des années une importance croissante, au vu des résultats probants des expériences menées par les scientifiques.
Des données de plus en plus précises et concrètes (notamment grâce aux progrès de l'imagerie cérébrale) montrent que l'esprit influence bien la matière et le corps. Pour Richard Davidson, « *ces travaux semblent démontrer que le cerveau peut être entraîné et modifié physiquement d'une manière que peu de gens auraient imaginé* ».

Différences fonctionnelles

On observe rapidement des différences fonctionnelles entre le cerveau des méditants experts (comptabilisant 10 000 heures de méditation) et celui des novices. Parmi les chercheurs, Antoine Lutz : un jeune neuroscientifique français qui participe à ces premières études alors qu'il vient de terminer sa thèse sur la conscience avec Francesco Varela. « *Afin de s'assurer que ces différences étaient bien dues à l'entraînement à la méditation et non à des différences individuelles préexistantes, nous avons mesuré des marqueurs comportementaux et neuro-électriques de l'attention chez les méditants avant et après trois mois intensifs de méditation (de douze heures par jour)* », explique-t-il. Et les résultats ne se font pas attendre, démontrant que l'entraînement à la méditation provoque des changements fonctionnels dans le cerveau, en induisant de la neuroplasticité, c'est-à-dire une réorganisation de l'activité neuronale qui favorise la conscience, l'attention et la compassion. En pleine méditation, les scientifiques mesurent une activité électrique jusqu'à huit fois supérieure à un cerveau non entraîné et découvrent que certaines zones qui d'habitude s'ignorent se connectent les unes avec les autres.

Mais Antoine Lutz ne compte pas s'arrêter là : il souhaite désormais pouvoir mieux caractériser les conséquences, sur l'esprit et le corps, des différentes formes de méditation. « *Tout comme le sport comporte plusieurs disciplines avec des effets multiples,* explique-t-il, *l'enjeu est aujourd'hui d'identifier l'impact de chaque forme de méditation, car chaque type de pratique entraîne des changements tant fonctionnels que structurels bien spécifiques* ».

Pour Jacques-Gérard Bloch, médecin rhumatologue et directeur d'enseignement à la faculté de médecine de Strasbourg, ces travaux sont fondamentaux : « *Avec les neurosciences tout a basculé ; grâce aux nouvelles techniques d'imagerie médicale, on a pu cartographier ce qui se passe dans le cerveau. C'est la première carte de territoire dans ce domaine jusque-là inconnu qui mérite tout notre intérêt. Nous sommes aujourd'hui à une époque où nous assistons à une sorte de fertilisation, une croisée féconde entre les neurosciences et la connaissance issue de la pratique et de la théorie liées à la méditation.* »

Les découvertes vont plus loin encore

Elles démontrent également que la zone du cerveau associée à des émotions comme la compassion, par exemple, présente une activité considérablement plus élevée chez les personnes qui ont une longue expérience méditative. Les qualités humaines peuvent ainsi être délibérément cultivées par un entraînement mental, comme le prouve l'expérience que fait Matthieu Ricard en 2007, alors qu'il se trouve dans le laboratoire de Tania Singer, directrice de l'Institut Max Planck des neurosciences de Leipzig, l'une des grandes spécialistes mondiales de l'empathie.

En se fondant sur l'étude du cerveau, elle distingue trois états affectifs différents qui reposent sur des bases neuronales correspondant à des états mentaux clairement distincts : la contagion émotionnelle, l'empathie et la compassion. L'empathie consiste à ressentir ce que d'autres éprouvent et à entrer en résonance avec eux, alors que la compassion est définie comme le désir de mettre fin aux souffrances d'autrui et à leurs causes. Elle peut neutraliser la détresse et l'impuissance engendrées par l'empathie appliquée seule, et produit des dispositions d'esprit constructives telles que le courage compatissant.

Durant le protocole, le méditant doit alterner une vingtaine de fois l'empathie avec des moments où il relâche son esprit dans un état neutre, sans appliquer aucune méthode de méditation. « *Après une première série de périodes de méditation, j'ai dit à Matthieu : Qu'es-tu en train de faire ? Cela ne ressemble pas à ce que nous observons lorsque les personnes méditent sur l'empathie !* » témoigne Tania Singer.

Et alors que le moine lui explique qu'il a médité sur la compassion inconditionnelle (s'efforçant de ressentir un puissant sentiment d'amour envers tous les êtres sensibles), l'analyse complète des données confirme que les réseaux cérébraux activés par la méditation sur la compassion sont très différents de ceux liés à l'empathie. Lors de la méditation sur l'amour altruiste et la compassion, le réseau lié aux émotions négatives et à la détresse n'est pas actif alors que certaines aires cérébrales traditionnellement liées aux émotions positives le sont. Mais cette modification des fonctions neuronales est-elle à la portée de tous ?

À raison d'une vingtaine de minutes de méditation par jour sur la compassion, pendant huit semaines, on observe que certaines zones du cerveau commencent à changer. Dans le cas de la méditation sur la bienveillance, c'est l'amygdale, l'aire liée à l'agressivité et à la peur, qui diminue en densité, alors que les zones reliées à l'empathie comme l'insula augmentent structurellement avec davantage de connexions neuronales. Et pour obtenir des résultats, les scientifiques s'accordent à dire que ce n'est pas tant la durée mais la régularité de la pratique qui importe : une vingtaine de minutes par jour pendant un mois permettrait de voir apparaître une modification des changements fonctionnels et structuraux dans le cerveau. Pour Matthieu Ricard : « *On a tous ce potentiel. Il faut le cultiver, se familiariser avec lui. Si l'on pratique régulièrement, l'expérience montre un changement au bout de quelques semaines.* »

Dans le futur, des recherches sont envisagées concernant la synchronisation des différentes zones du cerveau afin d'aboutir à des états de conscience plus élevés.
Des études qui pourraient avoir des répercussions concrètes dans divers aspects de la vie quotidienne comme celui de l'éducation. Depuis plusieurs années (bientôt sept ans) l'Institut Mind and Life travaille sur la conception d'un programme d'intervention dans ce domaine pour développer de manière laïque l'altruisme, l'équilibre émotionnel et la réduction du stress. Les premières expérimentations faites dans des quartiers très sensibles aux États-Unis révèlent, au bout d'un an, une diminution des infractions scolaires, une baisse des comportements agressifs et de meilleurs résultats (étude de Schonert-Reichl & Lawlor, publiée en 2010). Une manière de mettre l'accent aussi bien sur le « savoir-être » que sur le « savoir-faire », à travers l'exploration d'un nouvel âge d'or des « neurosciences contemplatives » ?

La méditation change le rapport à la douleur, comme le prouve l'analyse des courants électriques produits par le cerveau : en haut, le cortex cingulaire antérieur (à gauche) et l'insula antérieure (à droite) scannés sans processus de méditation.
En bas, les mêmes, avec une pratique de méditation : les zones qui s'éclairent prouvent que l'attention s'avère plus fluide et dynamique.

Sans Méditation

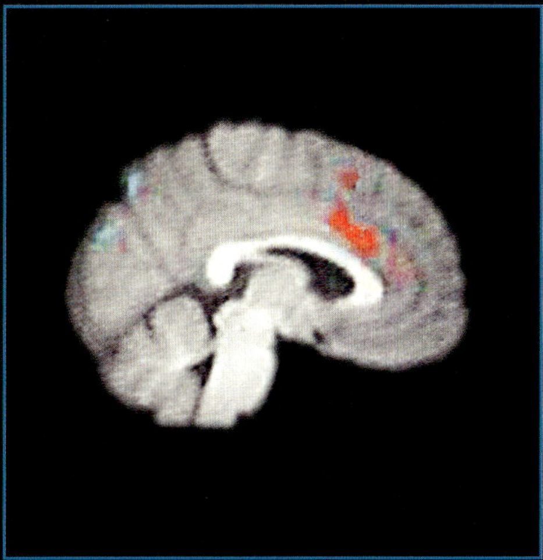

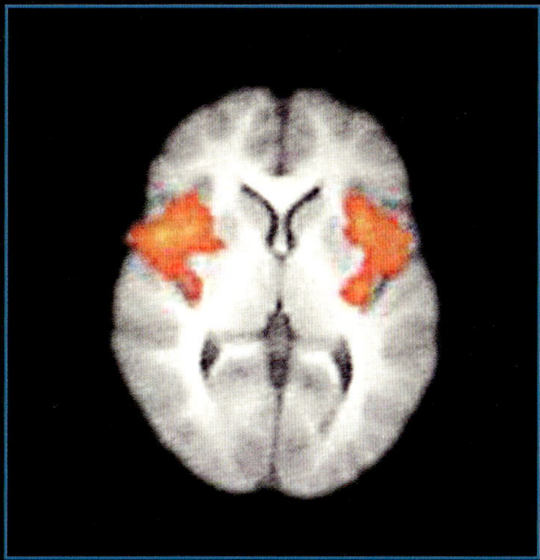

Avec Méditation

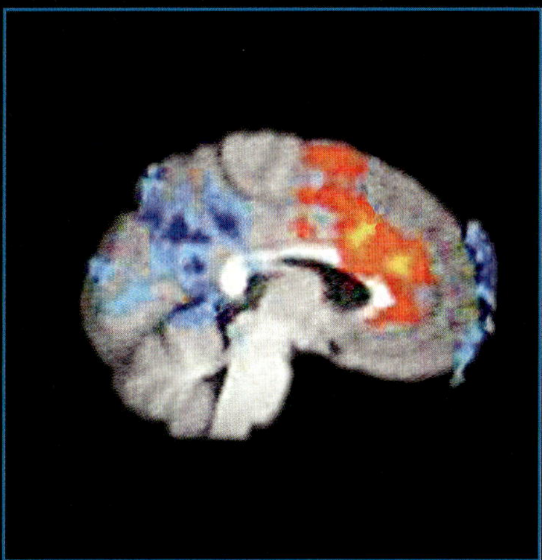

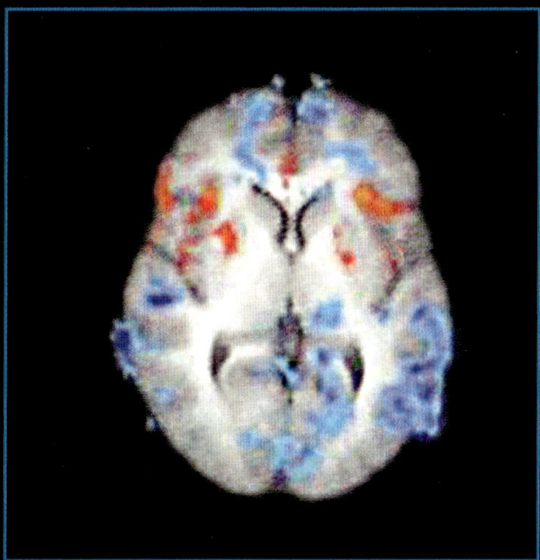

Les bienfaits d'une

- Épaissirait une région centrale du cerveau (cortex cingulaire antérieur) régulant la sensibilité à la douleur et entraînant donc une plus grande résistance physique (étude réalisée en 2010, par l'université de Montréal, au Québec).

- Modifierait durablement le fonctionnement du cerveau, et notamment l'amygdale, la zone impliquée entre autres dans la peur, le stress et l'anxiété (étude du 1er nov. 2012 menée par les chercheurs de l'Hôpital général du Massachusetts et publiée dans la revue *Frontiers in Human Neuroscience*).

- Aurait pour effet d'augmenter la quantité de matière grise dans la partie gauche de l'hippocampe, une zone du cerveau connue pour son implication dans les mécanismes de la mémoire (étude publiée en janvier 2011 dans la revue *Psychiatry Research Neuroimaging*).

- Agirait sur le système hormonal, vasculaire et même musculaire : des recherches ont montré que des adolescents obèses du collège d'Augusta, en Géorgie, ont vu en moyenne leur pression artérielle baisser de cinq points après trois mois d'exercices de méditation réguliers.

- Permettrait de lutter contre l'insomnie (étude menée par des médecins de l'hôpital Northwestern Memorial d'Evanston, dans l'Illinois).

- Amplifierait la force musculaire (étude menée par la Cleveland Clinic dans l'Ohio). On a demandé à des volontaires de se relaxer, quinze minutes par jour, pendant trois mois, en imaginant qu'ils soulevaient un poids à bout de bras. La fin de l'expérience montrait qu'ils avaient acquis une force musculaire dans le biceps plus élevée que les individus du groupe témoin. La pensée aurait donc un véritable pouvoir sur les muscles : leur puissance ne dépendrait pas seulement de la masse musculaire, mais de l'intensité du signal nerveux envoyé par le cerveau.

pratique régulière

- **Permettrait d'augmenter les réactions immunitaires et donc de se protéger des infections.** Le psychologue Claude Berghmans a ainsi montré qu'après huit semaines de pratique méditative l'organisme produit davantage d'anticorps suite à une vaccination anti-grippale ainsi que de lymphocytes T (des cellules de défense essentielles) chez les porteurs du virus du sida.

- **Provoquerait un certain nombre de modifications d'ordre biologique comme celle de l'expression des gènes.** Quel que soit notre capital génétique, une pratique régulière de la méditation limiterait l'impact de certaines dispositions héréditaires (étude d'Herbert Benson, université d'Harvard).

- **Modifierait les télomères** (qui recouvrent l'extrémité des chromosomes). Une étude importante menée par l'équipe de Clifford Saron à l'université de Californie (projet Shamatha) a ainsi pu montrer que la pratique de la méditation stimulait l'activité de la télomérase, permettant de freiner le vieillissement cellulaire. À Barcelone, le Dr Perla Kaliman montrait même qu'un seul jour de méditation de pleine conscience permettait de réduire l'expression des gènes impliqués dans une inflammation.

- **Améliorerait systématiquement et significativement la qualité de vie chez des personnes souffrant de diverses pathologies.** C'est le cas pour la sclérose en plaques, le cancer du sein, les pneumopathies obstructives ou encore pour de nombreuses douleurs chroniques. Une enquête du psychologue canadien Michael Speca (université de Calgary) consacrée aux patients cancéreux montre ainsi des améliorations significatives de l'humeur, de symptômes liés au stress, ainsi qu'une réduction de la sensation de fatigue.
  On a également constaté une régression des symptômes dans un certain nombre de maladies, comme l'hypertension artérielle, les maladies auto-immunes et le psoriasis, où l'on note une amélioration des lésions des patients traités aux rayons ultraviolets s'ils méditent.

"Je suis un cobaye !"

ON L'A SOUVENT VU PHOTOGRAPHIÉ AVEC DES ÉLECTRODES SUR LA TÊTE ! SUJET D'ANALYSES SCIENTIFIQUES SUR LA MÉDITATION, IL TÉMOIGNE ICI SUR CE PARCOURS.

Dans quelles circonstances a commencé votre collaboration avec les scientifiques ?

Matthieu Ricard : J'étais ami depuis longtemps avec Francisco Varela, un chercheur renommé enneurosciences, car celui-ci venait souvent au Népal à la rencontre de maîtres spirituels. Avec un homme d'affaires américain, Adam Engle, il avait par ailleurs créé une structure afin d'organiser des rencontres entre le Dalaï-Lama, qui a toujours eu une immense curiosité pour l'approche scientifique, et de grands chercheurs. Lorsqu'il a proposé en 2000 de venir à Dharamsala pour un colloque sur les émotions destructrices, il a exposé son projet de faire des expériences sur les méditants. Le Dalaï-Lama a répondu : « Tout cela est passionnant, mais que pouvons-nous vraiment apporter à la société ? » Après des discussions et des débats, il a été décidé de lancer un programme de fond avec des contemplatifs sur les effets à court et long terme de l'entraînement de l'esprit. J'ai proposé de devenir l'un des coordinateurs de cette recherche, en collaborant à l'organisation des protocoles scientifiques, et en servant de cobaye.

Comment se sont donc déroulées ces expériences ?

M.R. : Elles ont débuté à l'hôpital de la Salpêtrière à Paris dans le laboratoire de Francisco Varela, puis les études se sont ensuite prolongées dans les laboratoires de Richard Davidson à Madison (Wisconsin), de Paul Ekman et Robert Levenson à San Francisco et Berkeley, ou encore ceux de Stephen Kosslyn à Harvard. Nous avons immédiatement partagé avec le Dalaï-Lama les premiers résultats, qui se sont révélés remarquables. Franciso Varela était alors mourant : une caméra était placée dans sa chambre afin qu'il puisse suivre ce qui se passait et communiquer avec le Dalaï-Lama. C'était très émouvant. Aujourd'hui, celui-ci a toujours la photo de Francisco dans son livre de prières : ils étaient très proches.

Vous avez donc élaboré les premiers protocoles expérimentaux, en quoi consistaient-ils ?

M.R. : Chaque type de méditation entraîne des effets distincts, tant sur le plan fonctionnel que structurel. On ne mesure jamais des valeurs absolues de quoi que ce soit, mais des différences. L'idée était d'alterner un certain nombre de périodes de repos (de quarante-cinq secondes) et de méditation (de quatre-vingt-dix secondes), le tout répété un certain nombre de fois pendant plus d'une heure, afin de pouvoir cerner les aires cérébrales activées sous IRM.
La question s'est ensuite posée de savoir ce que l'on allait étudier plus précisément, car la méditation en elle-même ne veut rien dire, c'est uniquement un entraînement de l'esprit. J'ai donc proposé d'essayer différentes méditations, il y en avait six au départ : l'amour altruiste, l'attention focalisée, la présence ouverte, la dévotion (aux maîtres spirituels), la visualisation (des déités), et ce que l'on qualifie en anglais de *fearlessness* : cette force qui fait que l'on n'a peur de rien et qui procure une confiance totale et une force d'âme intérieure. Nous avons gardé pour ces études les trois premières méditations, que nous avons alternées dans des ordres différents.

Et que ces résultats ont-ils démontré ?

M.R. : Chaque entraînement de l'esprit comporte une signature différente : ce ne sont pas les mêmes réseaux neuronaux qui sont chaque fois activés. En ce qui concerne la méditation sur la compassion universelle, les résultats de l'étude montrent une forte augmentation de l'activité cérébrale dans les régions liées aux émotions positives, ainsi qu'une plus grande disponibilité à l'action chez les méditants expérimentés. La méditation sur l'attention focalisée montre quant à elle que les méditants expérimentés peuvent engendrer des états mentaux ciblés, précis, puissants et durables. On observe a contrario, chez une personne qui ne peut pas se concentrer, un manque d'intensité, de clarté et de stabilité. Chez elle, il n'y a alors pas de différence majeure au niveau cérébral entre le repos et l'état méditatif.
On a comparé les résultats d'un groupe qui médite quarante minutes par jour avec ceux d'un groupe qui ne médite pas. On a mesuré leurs affects positifs, l'équilibre entre le cortex préfrontal droit et gauche, et l'on a trouvé par exemple une augmentation de 30 % du système immunitaire, de renforcements d'anticorps chez les méditants expérimentés. On a également pu observer que l'activation de certaines aires du cerveau était plus forte en fonction du nombre d'heures de pratique et non pas de l'âge. Ce qui compte, c'est la régularité : si le cerveau est sollicité de manière régulière, on peut observer au bout d'une trentaine de jours une modification des fonctions neuronales.

Une fois ces premiers résultats obtenus, d'autres méditants ont suivi vos traces…

M.R. : J'ai partagé ces découvertes à mon retour au Bhoutan en expliquant qu'elles permettaient de redonner des lettres de noblesse à la méditation, que cela pouvait aider la société, faire progresser la science et l'image du bouddhisme. Ces arguments ont permis de convaincre un certain nombre de retraitants dans les monastères de se porter volontaires afin de faire ces expériences. Il y avait au début une vingtaine de moines, essentiellement tibétains, mais ensuite autant de laïcs que de monastiques, autant d'Occidentaux que d'Orientaux se sont prêtés au jeu.

Comment envisagez-vous les choses pour l'avenir ? Quelles peuvent être les perspectives de ces expériences ?

M.R. : Nous étions des pionniers en la matière, aujourd'hui de nombreux laboratoires travaillent sur ce sujet, partout à travers le monde. Il y a une grande évolution, on parle aujourd'hui beaucoup de la mindfulness. En 2003, il y avait seulement une dizaine d'articles par an sur les effets de la méditation en clinique, il y en a aujourd'hui plus de quatre cents, permettant de prendre au sérieux la méditation et la question de la gestion de l'équilibre émotionnel. Cependant, j'insiste beaucoup pour employer plutôt le terme de *carrying mindfulness* : « la pleine conscience bienveillante », notamment dans les forums dans lesquels j'interviens, comme à Davos. Il ne faut pas qu'il y ait d'ambiguïté, pour que cette pratique ne soit pas utilisée à des fins négatives. Il est important pour nous de montrer aujourd'hui les apports bénéfiques de la méditation afin de mettre à la disposition de la société à part entière cette technique, sans objectif religieux ni aucun prosélytisme.

Né en 1946, docteur en génétique cellulaire et moine bouddhiste tibétain, Matthieu Ricard est l'auteur de plusieurs best-sellers dont :
L'Art de la méditation, chez Pocket, et
Plaidoyer pour l'altruisme, chez Nil.
Son dernier livre :
Plaidoyer pour les animaux, chez Fayard.

Aurélie Godefroy

Méditer à l'hôpital Sainte-Anne

Depuis des années, le psychiatre Christophe André est un précurseur qui propose à ses patients des séances de méditation pour surmonter leur mal-être.

© Florence Brochoire. DR.

REGARD DOUX ET BIENVEILLANT, TOUJOURS À L'ÉCOUTE, UN SOURIRE ET UNE SÉRÉNITÉ ACCOMPAGNÉS D'UNE VOIX APAISANTE… CHRISTOPHE ANDRÉ FAIT PARTIE DE CES PERSONNES QUI NE TRICHENT PAS.

Voilà plusieurs années que j'ai le plaisir de le recevoir dans l'émission « Sagesses bouddhistes ». Des années que nous parlons de méditation et des séances de pleine conscience qu'il a mises en place pour ses patients à l'hôpital Sainte-Anne. Avec, depuis des années, la même curiosité et l'envie d'aller voir, de me rendre sur le terrain pour comprendre comment celles-ci peuvent autant les aider.
L'occasion se présente enfin par un bel après-midi de juin. Je suis accueillie par l'infirmier clinicien Florent Dulong et la psychologue Anne-Cécile Carli, tous deux formés au programme de pleine conscience par Christophe André. Dans quelques minutes ils retrouveront une dizaine de patients venus participer à la séance hebdomadaire. Le cycle dure huit semaines, et parmi les inscrits, de nombreux soignants qui viennent également se former.

Aujourd'hui une majorité de femmes, tous âges confondus, qui ont vécu des épisodes dépressifs ou des troubles anxieux importants, et souhaitent éviter des rechutes, entourent les deux instructeurs. Certaines ont un passé lourd, victimes de dépressions causées par des ruminations, des habitudes provoquées par des pensées qui polluent l'instant présent. « *Ces émotions alimentent une mauvaise estime de soi et une focalisation sur ce qui est négatif, ce qui peut donner lieu à une forme d'anxiété invalidante* », explique Florent Dulong.
La séance commence, je me mets en position : le dos droit, les pieds bien à plat, le menton baissé, les mains posées sur les genoux, les paumes tournées vers l'extérieur. Se poser, inspirer, expirer, s'ouvrir à ce qui vient ici et maintenant, sans juger… La posture n'est pas toujours facile à tenir, mais peu à peu j'arrive à accueillir les sensations, me relier à mon corps, et aux doux mouvements de l'enfant que je porte alors. Mais que faire lorsque l'esprit s'égare ?
« *Ramener l'attention sur le souffle, toujours avec bienveillance. Se recentrer sur le corps et la respiration permet de mieux s'ancrer* », enseigneAnne-Cécile Carli.

Être pleinement conscient de l'instant et de ses émotions

Être pleinement conscient de l'instant et de ses émotions favoriserait en effet un état mental protégeant du stress et de la dépression. On décompose en général la méditation de pleine conscience en trois postures fondamentales : une ouverture maximale du champ attentionnel de ce qui est présent à l'esprit minute après minute (respiration, sensations corporelles, état émotionnel), un désengagement des propensions à juger ou contrôler, et enfin en n'essayant pas d'analyser mais en observant et éprouvant. Cet état de pleine conscience peut survenir spontanément chez tout être humain par un entraînement de l'esprit.

La session se poursuit, les animateurs invitent les participants à faire part de leur ressenti. Une femme fond en larmes, confiant son désarroi et sa tristesse. Car les sensations ou pensées peuvent être pénibles, voire douloureuses, et si Anne-Cécile Carli et Florent Dulong sont deux à animer ces sessions, c'est pour mieux gérer les émotions de chacun. « *Il y a quelquefois des débordements, être deux permet d'avoir un temps privilégié pour les moments difficiles, de mieux accompagner les différents participants et d'avoir du recul,* expliquent-ils. *On s'efforce alors d'ouvrir l'espace de la conscience à d'autres phénomènes, en prêtant attention à la respiration, aux parties du corps qui ne souffrent pas ou encore aux sons en tentant de diluer cette douleur dans un contenant plus vaste.* »

Gérer les pensées obsédantes

La séance du jour se consacre à la question des pensées. Lorsqu'on traverse une situation pénible, la pleine conscience permettrait alors de nous apprendre à sortir de nos vieilles habitudes mentales dans une attitude de douceur, d'acceptation et d'accueil. « *On observe une diminution des cycles de rumination anxieux et dépressifs, car la méditation permet de ne pas se fixer sur des idées angoissantes mais de tolérer leur présence sans y adhérer, et de garder nos distances vis-à-vis d'elles* », note le psychiatre Christophe André. Contrairement à la psychothérapie cognitive, le but de la pleine conscience n'est donc pas d'influer sur les pensées, mais de faire évoluer le lien entretenu avec elles. Une série d'exercices suit le *debriefing*, plus ou moins formels, et plus ou moins longs. Parmi eux, on trouve essentiellement la méditation assise, le *body scan* (couché, on se concentre sur ses sensations dans chaque partie du corps) et des étirements de yoga.

Au bout de deux heures, une fois la séance terminée, le programme se poursuit à travers des « devoirs » que chaque participant s'engage à accomplir quotidiennement. Il peut s'agir d'exercices approfondis (de 15 à 45 mn, à faire très régulièrement en début d'apprentissage) permettant de se recentrer sur le corps et le souffle, pour rentrer dans l'instant présent sans se laisser distraire par son discours intérieur, ou encore des exercices plus brefs à pratiquer dans n'importe quelle circonstance de la journée (dans une salle d'attente par exemple) : en restant assis et en fermant les yeux, on observe juste ce qui se passe en se rendant présent à notre manière de respirer, et en restant attentif à ce qui vient, seconde après seconde.
La dernière famille d'exercices s'accomplit en action : il s'agit de vivre en pleine conscience, en se rendant présent à chaque acte de notre vie quotidienne (manger, faire la cuisine ou le ménage) avec un état d'esprit ouvert et sans jugement. Toutes ces pratiques méditatives ayant en commun de renforcer la capacité d'attention et de présence à ce que nous faisons. Des exercices qui semblent avoir fait leurs preuves puisqu'un tiers des participants continuent deux ans après à fréquenter les séances organisées par le service.

La méditation entre à l'université

Pour la première fois en France, la méditation fait son entrée à la faculté. C'est à Jean-Gérard Bloch, rhumatologue et instructeur MBSR, que l'on doit cette initiative à l'université de Strasbourg.

Créé en 2012, le master professionnel «Médecine, méditation et neurosciences» est destiné aux professionnels de santé : médecins, psychologues, scientifiques, ainsi qu'aux étudiants en 3e cycle de médecine, avec ou sans pratique préalable de la méditation. « *Sur les soixante personnes ayant participé au cursus depuis sa création, on trouve à la fois des jeunes chefs de clinique et des chefs de service plus âgés,* explique Jean-Gérard Bloch. *C'est une opportunité pour les professionnels de la santé de découvrir ou d'approfondir leur connaissance de la méditation et le lien que celle-ci peut entretenir avec la médecine.* »

La formation se déroule sur six semaines, dont deux de cours sous un format « résidentiel » au mont Sainte-Odile, entrecoupées de travaux personnels. Des séminaires ponctués d'interventions d'une dizaine d'enseignants et de personnalités issues d'horizons divers comme le chercheur Antoine Lutz ou le psychiatre Christophe André. « *Il est indispensable, pour que cela soit efficace, d'aborder la méditation sur le plan pratique et théorique, à travers un regard multi-disciplinaire consacré aux différents aspects épistémologiques, philosophiques, psychologiques, neuroscientifiques ou encore cliniques* », explique le rhumatologue.

Après l'Angleterre, l'Allemagne et la Suisse, la méditation semble être bel et bien devenue une discipline laïque à part entière, permettant de promouvoir une nouvelle approche de la médecine « corps-esprit » chère à Jean-Gérard Bloch, comme le montre l'engouement de la part des professionnels de santé : « *Nous avons été assaillis de demandes de toute la France dès le démarrage : 150 pour une année, 450 sur deux ans. Elles provenaient de tous les horizons : du médecin généraliste de campagne au chef de service d'urgence.* »

Une belle preuve de l'évolution de la culture médicale, car pour le médecin : « *Cela s'inscrit dans une époque de croisée féconde entre les neurosciences et les connaissances issues de la méditation. C'est également une révolution de se diriger vers un fonctionnement unifié du corps et de l'esprit, une révolution que l'on peut désormais constater, et c'est un signe fort, dans le cadre de la faculté de médecine.* »

Mais s'agit-il d'un simple pansement ou d'un véritable outil de changement ?
« *La méditation devient un outil de santé, d'hygiène de vie. Pour certains, cela a changé le regard sur eux, sur le monde. Cela leur donne une certaine liberté, pour faire face aux différentes situations de la vie,* témoigne Florent Dulong. *Concrètement, cela permet de changer sur des petites choses, concernant leur humeur par exemple, en gérant mieux les émotions négatives comme la colère.* »
Une méthode utilisable par tous ? Pas forcément, car si la pleine conscience constitue un outil efficace dans le cadre de la prévention des rechutes et de l'addiction, elle n'est pas préconisée dans tous les cas : « *Ce n'est pas possible pour les gens en souffrance aiguë ou victimes de pulsions suicidaires, qui n'ont souvent ni la motivation ni la ressource au départ* », prévient Christophe André.

> L'homme ne prend conscience de son être que dans les situations limites.
> Karl Jaspers

Un succès grandissant dans les hôpitaux

Le programme de pleine conscience à l'hôpital Sainte-Anne est révélateur du succès grandissant de cette méditation depuis plus de trente ans. Qualifiée de première *world therapy* grâce à ses racines orientales et sa codification occidentale, elle est en train d'essaimer partout dans le monde.
« *C'est sûrement parce qu'il s'agit de la méditation la plus simple*, explique le psychiatre. *Elle est universelle et ne suppose pas d'adhérer à une conception spirituelle ou religieuse.* » En moins de dix ans, des millions d'Occidentaux ont été tentés par cette pratique de recentrage et de pacification. Une initiative lancée en 1979 par son « créateur », Jon Kabat-Zinn, Ce visionnaire inspire alors de nombreux thérapeutes du monde entier, en faisant de la méditation un outil d'équilibre, de santé et de bien-être lorsqu'il développe son programme MBSR (*Mindfulness Based Stress Reduction* : « Réduction du stress par la pleine conscience »).

Les best-sellers de celui qu'on surnomme « le pape de la pleine conscience » se vendent à plus d'un million d'exemplaires. Exportée désormais sur le terrain des thérapies cognitives, la MBSR est aujour-d'hui enseignée dans vingt-neuf universités de médecine aux États-Unis.
« *Il s'agit de la porte d'entrée idéale dans l'univers de la méditation, puisque son apprentissage ne nécessite que plusieurs semaines*, explique Christophe André, *alors que d'autres pratiques plus complexes comme la méditation vipassana peuvent provoquer, par leur exigence, un sentiment d'échec. Cela en fait un outil de développement personnel pour tout le monde, qui augmente la résistance à l'invasion du digital et à la dispersion mentale.* »

Une méthode effectivement bienvenue à une époque qui encense la compétition, élève la performance en valeur suprême, et alors que les personnes souffrant de troubles de l'anxiété (un Français sur cinq) n'ont jamais été aussi nombreuses. « *Si aujourd'hui on a pris conscience qu'il faut prendre soin de notre corps, on a du retard quant à la prise en charge également de notre esprit.* » La méditation serait-elle le nouveau remède à cette époque effrénée ?

Elle apparaît en tout cas comme une alternative salvatrice à cet emballement perpétuel : « *C'est un moyen de mieux comprendre les carences du cerveau : carences de calme et de continuité face à ces sursollicitations*, ajoute le psychiatre. *La société évolue, mais si le soin n'évolue pas, nous allons devenir esclaves des technologies. Il faut retrouver une certaine liberté et de l'intelligence pour en tirer le meilleur.* »

Jon Kabat-Zinn

Professeur émérite de médecine spécialisé en biologie moléculaire, Jon Kabat-Zinn est né en 1944. Il dirige la clinique de réduction du stress au sein de l'université du Massachusetts. Ses méthodes sont employées dans le monde entier pour combattre douleurs et dépressions dans le cadre médical à l'aide de techniques de méditation simples.

© B. Vikmar/ Polaris. DR

Aujourd'hui, 550 hôpitaux proposent un programme MBSR aux États-Unis et 200 ailleurs dans le monde. Autre signe des temps : la méthode de Jon Kabat-Zinn est aujourd'hui pris en charge par les fonds d'assurance aux États-Unis.
L'Institut national de santé américain finance par ailleurs, aujourd'hui, de nombreuses études afin d'évaluer les différents « effets de la mindfulness » : cinquante en 2008 contre à peine trois en 2000 !

La France reste en revanche quelque peu à la traîne. La faute à Descartes ? L'idée que le corps et l'esprit soient inséparables a en tout cas longtemps été difficile à envisager. « *Ça a mis dix ans à décoller, mais on assiste aujourd'hui à des signaux plutôt encourageants, avec la mise en place de diplômes et l'attribution de bourses de recherches*, nuance Christophe André. *Les médecins pratiquant la pleine conscience sont de plus en plus sollicités pour des formations ou des conférences, c'est assez révélateur et cela me rend plutôt optimiste* ». Une heureuse nouvelle car, comme le disait déjà Henry David Thoreau en 1850, un philosophe cher au psychiatre : « *Pouvoir regarder le soleil se lever ou se coucher chaque jour, afin de nous relier à un phénomène universel, préserverait notre santé pour toujours.* »

Aurélie Godefroy est journaliste et présente l'émission "Sagesses bouddhistes" sur France 2.
Son dernier livre : *Les religions, le sexe et nous*, chez Pocket.

Le zen
et l'assouplissement de l'ego

LE MOT JAPONAIS ZEN SIGNIFIE MÉDITATION : L'EXPRESSION COURANTE « SOYONS ZEN », CONJUGUÉE À TOUS LES MODES, NOUS ENGAGERAIT DONC À DEVENIR MÉDITATIFS !

Vous êtes moine zen et psychologue, la méditation est pour certains inscrite dans une voie de développement personnel, pour d'autres un cheminement spirituel… Qu'en pensez-vous ?

Roland Rech : Le véritable développement personnel implique l'éveil spirituel : s'éveiller à la véritable nature de notre existence et s'harmoniser avec elle en menant une vie plus authentique. Dans les techniques de développement personnel on recherche un certain bien-être. Aussi faut-il se demander s'il existe une frontière entre l'aspect spirituel et le bien-être. On ne peut pas, selon moi, séparer les deux. Le sens même de la méditation est de devenir « complet », en intégrant les différents aspects de l'existence. De là résulte un véritable bien-être qui transcende malaises et souffrances.

Mais pour quelles raisons ce malaise que vous évoquez existe-t-il ?

R.R. : À cause de l'ego. L'avidité constante de l'ego, ce moi toujours insatisfait, est une source de mal-être fondamentale car il ne se rend pas compte qu'il est une construction mentale sans substance fixe et autonome. Aussi se sent-il limité et cherche-t-il des compensations. Mais cela ne fonctionne pas bien, d'où un sentiment d'insécurité. Il s'agit de dépasser cet état pour s'éveiller à une dimension plus vaste de l'existence et se retrouver en unité avec toutes les existences. Finalement, on ne peut sortir de la souffrance qu'en s'éveillant. Ce n'est pas juste une compréhension intellectuelle mais une profonde transformation de notre vie réelle qui doit s'opérer. Pour que le sens de la Voie se réalise, il faut être présent à chaque instant.

Quelles sont plus spécifiquement les caractéristiques de la méditation zen (zazen) que vous pratiquez ?

R.R. : L'aspect principal est qu'il ne s'agit pas d'une technique de méditation, mais d'une pratique de réalisation de l'éveil immédiat, « ici et maintenant ». On se laisse absorber par l'attention à la respiration, au corps, en laissant passer toutes les productions du mental telles que les idées, les souvenirs, les émotions ou les rêves. On voit ce qui apparaît, mais on ne s'y attache ni pour le modifier ni pour le supprimer. Il y a un double mouvement de prise de conscience et de lâcher-prise, de reconnaissance de ce qui vit en nous et de non-identification.

La méditation ne doit se dérouler ni dans un état d'agitation mentale, ni dans un état de somnolence. Il faut garder une certaine vigilance et une attention juste. L'attitude fondamentale est de percevoir clairement tout ce qui se passe, mais ne pas s'y attacher. On cesse de discriminer, de s'attacher à ce qui nous attire et de fuir ce qu'on n'aime pas. La pratique est de rechercher l'équilibre et l'équanimité. La méditation permet de revenir au calme mental grâce à la respiration, et celui-ci est le préalable à toute véritable pratique spirituelle. Sans ce calme mental, on ne parvient à aucune réalisation.

Maître Dôgen, au XIIIe siècle, enseignait la méditation dans la simple assise (*shikantaza*) : de quoi s'agit-il ?

R.R. : Il s'agit de se mettre dans un état de parfait dépouillement du corps et de l'esprit, de lâcher-prise face à toutes nos formes d'attachement, avec la confiance que nous sommes déjà la nature de Bouddha. Le seul support est la posture assise le dos droit et la respiration profonde. On n'utilise ni mantra, ni kôan, ni visualisation. Cette forme de méditation nous permet de retrouver non seulement l'unité du corps-esprit avec notre nature profonde, mais également l'unité de soi-même avec les autres, et tous les êtres…

Shikantaza se pratique en étant simplement face à soi-même et face à ce qui se passe. En se rendant compte que tout disparaît d'instant en instant, on est face à l'impermanence. Cette question de la vie et de la mort était fondamentale pour le Bouddha. Le zazen nous apprend à avoir un esprit qui ne demeure sur rien et qui s'harmonise sans cesse. L'une des dimensions de la pratique du zen n'est d'ailleurs pas de chercher un résultat, elle doit être désintéressée.

Cette acceptation de la réalité nous procure un immense sentiment d'apaisement. On apprend à vivre en ayant l'esprit en harmonie avec cela, on épouse l'impermanence, on ne nage plus à contre-courant mais on l'accompagne. Cela permet de retrouver un esprit fluide. D'instant en instant, on « ouvre la main de l'esprit ».

Existe-t-il, selon vous, de grandes différences entre la méditation zen et la méditation de pleine conscience ?

R.R. : Il y a, selon moi, deux différences fondamentales : tout d'abord, la méditation en pleine conscience a été développée pour prévenir les rechutes dépressives. Il y a donc dans ce cas, un renforcement de l'ego, de l'estime de soi qui sont nécessaires : c'est un préalable. En effet, on ne peut enseigner l'abandon de l'ego à une personne chez qui tout se défait, ce serait un effondrement qui ne ferait qu'aggraver son malaise.
Dans le zen, on demande au contraire d'« abandonner son ego ». Ce qui signifie avoir un ego qui fonctionne de manière souple et sait s'adapter. On fonctionne avec mais sans en dépendre, c'est ce que l'on entend par « ego sain ». Le fonctionnement de l'esprit permet alors de réfléchir, de faire des choix, de discriminer avec des valeurs qui ne sont pas égoïstes. Le mot « ego » n'est donc pas forcément péjoratif : beaucoup de grands maîtres, comme maître Deshimaru, avaient un ego fort, mais ils le mettaient au service de tous les êtres. L'ego est alors remis à sa juste place au service de ce qui le dépasse, il s'agit d'un ego éclairé.
L'autre différence se manifeste sur la forme même de la pratique de la méditation. Alors que la pratique de zazen se déroule, elle, dans le silence, face à un mur où l'on découvre la Voie uniquement par soi-même, la pleine conscience est une méditation guidée où l'on est accompagné pas à pas dans ses prises de conscience. C'est adapté pour des personnes qui n'ont pas l'habitude de la méditation et qui sont fragiles psychologiquement : cet aspect rassurant les place dans un état favorable.

Propos recueillis par Aurélie Godefroy

Roland Yuno Rech,
moine zen, a été le disciple
du maître Taisen Deshimaru.
Il dirige le dojo de Nice et
enseigne en Europe.
Il a publié aux éditions du Relié :
Le Champ de la vacuité,
L'Illumination silencieuse.

Aurélie Godefroy

Le yoga à l'école

L'INTRODUCTION DU YOGA À L'ÉCOLE N'A RIEN DE CONFESSIONNEL : IL NE S'AGIT PAS DE CATHÉCHISME POSTURAL MAIS BIEN D'EXERCICES ADAPTÉS AUX ENFANTS ET ADOS. IMMERSION DANS UN COURS ET RÉFLEXION SUR LE RÔLE DES PROFESSEURS DANS CETTE PRATIQUE ANTI-STRESS FAVORISANT L'ATTENTION.

Première semaine de septembre. Un jour de rentrée pour beaucoup d'élèves, mais celle-ci est un peu particulière et semble abordée avec joie et légèreté. Il s'agit de la reprise des cours de yoga pour enfants et adolescents du centre Qee, en plein cœur du 9e arrondissement de Paris.
La séance du jour commence par une relaxation savâsana : « *Nous allons nous mettre sur le dos, bras et jambes écartés, le menton ramené sur la poitrine, pour travailler sur notre respiration en prenant conscience des points de contact entre le corps et le sol, en s'installant dans l'instant "ici et maintenant". Si votre esprit commence à s'évader, revenez au souffle, prenez une profonde inspiration en gonflant le ventre et expirez calmement* », explique le professeur, Guillaume Body Lawson.

Aujourd'hui, ce sont essentiellement de jeunes adolescentes qui viennent chercher un peu de calme, mais aussi des outils pour mieux gérer le stress auquel elles doivent faire face en milieu scolaire.
Ce premier cours a une saveur particulière, car dans quelques mois les participants vont passer des examens : brevet ou bac. « *On va essayer de mettre en place une préparation physique et mentale, afin d'optimiser notre potentiel et d'augmenter nos performances* », explique en préambule l'enseignant à Anna, Emma et Marie.
Si l'objectif semble pour le moins sérieux, la séance se déroule bien souvent entre des fous rires. Les jeunes filles admettent d'ailleurs avec enthousiasme mieux savoir gérer leur stress, et être plus concentrées, plus détendues.

Ulrika Dezé, diplômée en sciences de l'éducation et fondatrice de Yogamini, est quant à elle l'une des pionnières de l'enseignement du yoga pour enfants en France.

Elle propose une méthode spécifique pour les petits (de trois à six ans) : « *Mon but est de leur donner dès le plus jeune âge les outils indispensables au développement de leur bien-*

être physique et émotionnel. J'essaie de faire en sorte que ce moment soit ludique et agréable, en dehors de tout esprit de compétition. J'utilise pour cela des dessins (de mandalas, pour favoriser la concentration), des musiques qu'ils choisissent eux-mêmes, des comptines, ou encore des sons liés à la nature et aux animaux. Dès l'âge de six ans, ils mettent en place eux-mêmes leur playlist, et ce ne sont pas que des musiques douces ! »

Des gestes ludiques et ressourçants

Autre ingrédient « phare » de ces séances : une aventure illustrée par des postures de yoga racontée du début à la fin : « *On part par exemple en voyage, en prenant la posture de l'avion, puis les enfants vont à la découverte des animaux de la jungle ou d'un milieu aquatique en mimant le cobra, le tigre, ou le dauphin... C'est très important car cela leur permet de se canaliser par l'imaginaire, de se calmer.* »

Et ce n'est pas le seul bienfait : la pratique du yoga permettrait à l'enfant de développer également l'estime de soi, la bienveillance, le lien avec les autres, une forme de « savoir être » à l'heure où l'on assiste à de plus en plus de violences en milieu scolaire. La particularité de la jeune professeur de yoga franco-suédoise est d'ailleurs d'avoir souhaité introduire des exercices de pleine conscience : « *Je demande aux enfants de se concentrer sur un son, de la nature ou autre, cela peut aussi être le son d'un camion qui passe dans la rue, et de porter leur attention sur la respiration. Cela fonctionne bien avec eux, notamment les plus petits.* »

Participatives, ces séances proposent des postures néanmoins adaptées selon chaque tranche d'âge. « *C'est d'ailleurs frappant de voir à quel point les enfants retiennent ces positions et continuent à les pratiquer dès qu'ils en ont besoin dans leur vie quotidienne : une maman me racontait encore, la semaine dernière, que lors de son dernier voyage, le vol étant retardé, sa petite fille de sept ans lui avait demandé de faire des respirations pour patienter, et ce, en plein milieu de l'agitation de l'aéroport !* » conclut Ulrika Dezé avec amusement.

Il ne faut pas craindre d'avoir pour objectif d'enseigner la méditation dans les lycées, non pas pour faire des illuminés, mais pour retrouver notre moitié perdue.

Arthur Koestler

Une méthode remarquable

C'est une jolie histoire : Eline Snel, une psychothérapeute hollandaise, propose une série d'exercices de méditation adaptés aux enfants, aux parents et à l'école. Devant le succès de celle-ci, elle fait un livre qui devient un best-seller aux Pays-Bas, puis dans de nombreux autres pays. Les bienfaits de sa méthode se révèlent tels que le ministère de l'Éducation de son pays (et si le nôtre faisait de même, on peut rêver… !) conseille son livre à tous les enseignants et leur offre en outre une formation dans l'Académie pour l'enseignement de la pleine conscience qu'elle a fondé. Preuve, s'il en fallait, que le pragmatisme peut s'appliquer à l'usage de la méditation. Ainsi que le dit Christophe André dans sa préface à propos des enfants : « Pratiquer avec eux les exercices décrits dans ce livre, vivre à leurs côtés des moments de pleine conscience, représente un des plus beaux cadeaux que nous puissions leur offrir. Un cadeau dont ils se serviront toute leur vie. »

Calme et attentif comme une grenouille d'Eline Snel,
une méthode simple de 5 à 12 ans, avec un CD de méditations guidées, aux éd. Les Arènes.

Brigitte Anne Neveux

Mieux être pour mieux apprendre

LA QUESTION DE L'ENSEIGNEMENT DU YOGA AU NIVEAU DE L'ÉCOLE PRIMAIRE EST COMPARABLE À CELLE DE L'ARITHMÉTIQUE QUAND ON APPREND À UN ÉLÈVE QUE 1 + 1 = 2. IL S'AGIT D'Y APPROCHER UNE SCIENCE ANCIENNE, COMPLEXE, ET D'ADAPTER LES CONTENUS À UN JEUNE PUBLIC.

L'école propose actuellement une ouverture à cette discipline dans ses deux temps : le scolaire et le périscolaire. Dans le premier, la mission de l'enseignant est d'instruire, de former, d'éduquer des écoliers, et lui permet d'utiliser le yoga comme aide aux apprentissages ; dans le second, le rôle de l'animateur consiste, entre autres, à ouvrir des espaces culturels aux enfants en leur permettant de pratiquer des séances d'initiation dans différentes activités.
Dans les deux cas, la matière est parfois semblable, mais les buts visés et le temps imparti sont différents.
Ce sera du point de vue des maîtres d'école que se situera la réflexion dans cet article en accord avec la formule de J. Krishnamurti : « *L'enseignant a une énorme responsabilité, et sa profession est la plus noble qui soit.* »

Le yoga à l'école est performant

Les professeurs, désireux de toujours apporter davantage aux élèves de leurs classes, s'interrogent sans cesse sur des outils nouveaux qui aideraient ces derniers à être performants dans leurs apprentissages, tout en se sentant à l'aise au sein de l'espace scolaire. Depuis maintenant plus de trente ans, des exercices issus du yoga complètent les moyens pédagogiques de certains enseignants.
Cependant la demande actuelle au sein de l'école est devenue plus importante, et dans cet espace particulier, la science traditionnelle court le risque d'être dénaturée dans son utilisation par un manque de formation des enseignants et d'information des parents d'élèves à son sujet.
C'est pourquoi des professeurs de yoga diplômés, spécialisés dans l'enseignement à des enfants, ainsi que des enseignants adhérents du R.Y.E (Recherche pour le yoga dans l'éducation) participent avec vigilance et compétence à la diffusion de sa pratique en milieu scolaire. Ils sont les garants d'une transmission la plus juste possible dans l'état actuel des choses.

En conformité avec les instructions officielles en vigueur, le professeur des écoles assure un enseignement aux enfants qui lui sont confiés. Dans ses choix pédagogiques, il lui est possible d'utiliser durant la journée de classe de courtes situations issues des pratiques du yoga et destinées à favoriser un « mieux être » visant un « mieux apprendre ».
Participant à la connaissance et à la responsabilisation de l'être humain, ces courtes situations sont une formation concrète à la présence attentive à soi-même et à autrui. Elles instaurent la confiance et donnent un temps pour se poser, respirer, se recentrer et observer. Ce faisant, elles créent les bases d'une aptitude à la concentration, à la méditation et à un cheminement vers le calme intérieur.
Réparties en deux ou trois pauses de quelques minutes, ces situations sont en lien avec l'apprentissage du moment et les besoins des élèves. Réalisées dans la salle de classe ou dans la salle d'activités physiques, elles alternent dans la journée des temps consacrés à :
– l'entretien de la colonne vertébrale (placement, étirement, assouplissement…),
– la respiration (hygiène respiratoire, observation et régularisation du souffle…),
– la relaxation,
– la mémorisation (travail de l'attention et de la concentration)…

Des outils simples de recentrage

Pour le professeur des écoles, l'objectif principal est d'instaurer avant un travail, après un cours ou au retour en salle de classe, un geste de recentrage destiné aux élèves et à lui-même. Il propose ainsi des outils supplémentaires qui vont générer une ambiance apaisée et une attitude mentale recentrée participant à la qualité des apprentissages et de l'enseignement.
Voici un exemple d'organisation sur un jour :
– à huit heures, en arrivant à l'école (après l'accueil et avant un travail écrit) : un placement de la colonne vertébrale avec des postures d'étirements ;
– à dix heures, au retour de la récréation : un geste de maîtrise respiratoire ou une relaxation ;
– à quatorze heures, à la reprise : un exercice de concentration auditive ou visuelle.

Après avoir vérifié que le déroulement de l'exercice de yoga est bien compris de tous les élèves, l'enseignant peut le pratiquer en même temps qu'eux. Il s'accorde ainsi une pause, un moment de récupération mentale et physique. Il reste en phase avec sa classe et entretient sa propre disponibilité.
Si un professeur des écoles utilise des techniques, des outils particuliers dans sa pratique professionnelle, il lui revient de communiquer clairement à ce sujet auprès de sa hiérarchie, des familles et de sa classe.
Chacun est gagnant quand le projet est bien posé, clairement explicité, puis respecté.

Brigitte Anne Neveux a été inspectrice de l'Éducation nationale.
Elle est présidente de la Fédération française de Hatha-Yoga.
Son livre : *Yoga & enfants*, parution février 2015, aux éditions du Relié.

Danser la vie

© Michel Rawicki.USA/AlaskaHaines Pygargue à tête blanche. DR.

grâce au qi gong

La pratique du tai-chi et du qi gong se répand en Occident. Thierry Janssen nous raconte son aventure avec ces mouvements, dont certains sont calqués sur ceux des animaux. Ressourcement garanti !

SI JE PENSE AU CHEMIN PARCOURU JUSQU'ICI, J'ÉPROUVE BEAUCOUP DE GRATITUDE POUR LES BELLES RENCONTRES ET LES BEAUX CADEAUX QUE J'AI EU LA CHANCE DE FAIRE. L'UN D'EUX M'A ÉTÉ PARTICULIÈREMENT UTILE : L'APPRENTISSAGE DU QI GONG – UN QI GONG THÉRAPEUTIQUE PRATIQUÉ DANS UNE POSITION RELATIVEMENT STATIQUE ET POURTANT ANIMÉ D'UN PROFOND MOUVEMENT.

Depuis que j'ai commencé à apprivoiser ce mouvement, j'ai développé une plus grande présence à moi-même et aux autres. Véritable méditation dans le corps, le « travail de l'énergie » m'est devenu un outil de vie indispensable, une façon d'être qui a changé mon existence.

Des mouvements issus du silence

J'avais trente-sept ans, je venais de mettre un terme à ma carrière de chirurgien et je fréquentais une école où l'on formait des guérisseurs. Mon ambition n'était pas d'apprendre un nouveau métier mais plutôt de comprendre la différence entre un soignant comme je l'avais été – utilisateur de technologies et prescripteur de médicaments – et un soignant capable d'enclencher un processus de guérison par la seule qualité de sa présence. Parmi les outils enseignés dans cette école, le qi gong occupait une place centrale. Je me rappelle mes premiers cours, debout, les jambes écartées, les pieds parallèles, les genoux légèrement pliés de façon à faire porter le poids du corps sur les talons, assis dans le vide, le bassin totalement détendu, la colonne vertébrale bien droite, le menton relevé, les yeux fixés sur l'horizon, comme traversé par un fil qui descend du ciel, pénètre le corps au sommet du crâne, en ressort au milieu du périnée pour plonger dans le sol et s'ancrer au centre de la Terre, suspendu dans une position de parfaite stabilité et de totale sécurité, ici et maintenant, dans la conscience de l'instant présent, en prenant le temps de respirer profondément.

Au départ, je ne sentais pas grand-chose en dehors de quelques crampes musculaires au niveau des cuisses. Puis, à force de pratiquer l'exercice, j'ai commencé à éprouver la sensation de frémissements et de vibrations dans mon ventre. Mon instructeur m'invita alors à focaliser mon attention sur ces vibrations qui, d'après lui, émanaient d'un noyau énergétique – le *tan tien* ou hara en japonais – situé en plein centre de l'abdomen, à une hauteur de trois travers de nos doigts sous le nombril.

Le *tan tien*, centre de gravité de l'être

D'une manière tout à fait surprenante pour le novice que j'étais, l'autorégulation de mon attention sur cette sensation du *tan tien* me la fit ressentir de plus en plus précisément et intensément. J'avais l'impression que cette petit boule d'énergie brûlait comme un feu ardent et pouvait grossir jusqu'à étendre sa diffusion dans tout mon ventre et même au-delà, dans tout mon corps et autour de celui-ci. Plus je restais en lien avec la vibration, plus je sentais une chaleur m'envahir au point de transpirer de grosses gouttes de sueur. Pourtant, je ne sentais aucune tension dans les muscles de mon corps, je ne faisais aucun effort, j'étais calme, attentif au rythme de ma respiration et au rayonnement de ce *tan tien* dont je me demandais à quoi il pouvait bien correspondre dans les descriptions de l'anatomie que l'on m'avait enseignées sur les bancs de l'université.

Était-ce les pulsations de mon aorte abdominale ? Ou bien les mouvements de mes intestins ? Mon instructeur m'apprit alors à ne pas me poser ces questions afin de rester dans un état de pleine conscience de ce qui se passait en moi dans l'instant présent, sans tenter d'interpréter ce que j'éprouvais. Ce ne fut pas facile car, de la même manière que cela se produit lorsque l'on apprend à méditer, une foule d'images surgit sur l'écran de ma conscience, de nombreuses sensations s'éveillèrent dans mon corps et une succession d'émotions généra des sentiments qui détournèrent mon attention.

Après un temps, j'acceptai l'idée qu'il existait une anatomie énergétique et vibratoire qui n'était pas décrite dans les livres de médecine. Plus j'explorai mon *tan tien*, plus je découvris que je pouvais accroître l'intensité de ses vibrations et accentuer le rayonnement de sa diffusion. J'appris à relier ce noyau énergétique au centre de la Terre, en laissant l'énergie du sol remonter à travers tout mon corps dans une sensation d'enracinement, parfaitement aligné, équilibré et stabilisé.

Dans cette posture, rien ne semble pouvoir nous arriver. Il n'y a aucune raison de quitter le présent pour revisiter le passé ou imaginer le futur, tout est là, tout est bien. Je n'avais jamais éprouvé un sentiment d'aussi grande plénitude. Je n'avais jamais non plus ressenti autant de vie en moi. Il me suffisait de focaliser mon attention sur l'une ou l'autre partie de mon corps pour, immédiatement, percevoir des vibrations dont la qualité, la fréquence

Le vol de l'aigle est une des grandes figures du qi gong, il imite les mouvements de l'aigle qui vole dans le ciel.

et l'intensité variaient en fonction du lieu sur lequel je méditais. Car il s'agissait bien d'une méditation dans le corps. Une méditation en mouvement aussi puisque, à partir de cette position centrée, je pouvais explorer l'espace autour de moi et détecter ma tendance à pousser ou à me rétracter, revenant toujours à mon axe, suspendu à ce fil tendu entre le Ciel et la Terre, nourri de l'énergie du sol, pleinement conscient de la vie qui m'habitait, capable de détecter les zones de mon être qui manquaient d'énergie et, chose absolument étonnante pour un ex-chirurgien habitué à ne croire qu'à ce qu'il peut voir et palper, apte à rediriger l'énergie là où elle faisait défaut.

Depuis, j'ai l'habitude d'utiliser ce qi gong pour améliorer la qualité de ma présence à moi-même et aux autres. Lorsque je suis assis en face d'un patient en consultation ou pendant que je donne une conférence, dans toutes les circonstances de ma vie quotidienne, j'essaie d'être conscient de moi dans l'instant présent, à travers la sensation de mon corps, en ressentant ma tendance à me décentrer, en comprenant les peurs à l'origine de ce décentrage, en faisant le choix de me réaligner sur mon fil, de recontacter mon *tan tien*, de retrouver de la sécurité et de rayonner une belle énergie. Ainsi, j'ai l'impression de danser ma vie et de partager ce qu'il y a de plus fluide, de plus confiant et de plus cohérent en moi. J'éprouve la sensation d'être pleinement vivant.

Le *qi*, notre énergie vitale à retrouver

Depuis que je pratique le qi gong, de nombreuses personnes m'interrogent à propos de ce qu'elles appellent le « zigon », le « tiskon » ou, pire, le « chicon » (c'est le nom que l'on donne à l'endive, en Belgique). La plupart le définissent comme une gymnastique lente que l'on pratique dans les parcs en Chine. C'est un peu court. Avant tout, je dois vous dire que le nom de cette discipline se prononce « tchi kong », et signifie « le travail du *qi* ». C'est un ensemble d'automassages, d'exercices respiratoires et de méditations en position statique et en mouvement, visant la maîtrise du *qi*.

La notion de *qi* n'est pas facile à comprendre pour un esprit occidental. Nous la traduisons par le mot « énergie », *energeia* en grec : la « force en action ». Il s'agit, en fait, de l'ensemble de nos forces… la somme des énergies qui constituent notre vitalité. Tantôt physiques (mécaniques, thermiques, chimiques, électriques, magnétiques), tantôt psychiques (émotionnelles et intellectuelles), ces énergies sont transmutables ; elles forment un continuum qui est notre force vitale, le *qi*.

Le qi gong est conçu pour nous aider à mobiliser cette énergie de vie, et à l'utiliser de façon optimale. Il n'a rien à voir avec une simple gymnastique au sens où nous l'entendons en Occident. C'est un travail psychocorporel qui allie la force de la concentration mentale et de l'intention (que les Chinois appellent le *yi*) avec celle des postures et des mouvements du corps, tout en nourrissant ces énergies psychiques et physiques à l'aide de la respiration. Car, sans oxygène, aucune transformation énergétique n'est possible ; le souffle est intimement lié au *qi* – on peut dire qu'il fait le *qi*. Cela vous paraît probablement un peu abstrait. Il faut l'avoir senti vibrer en soi pour vraiment comprendre ce qu'est le *qi*.

Au début de mon apprentissage, j'étais sceptique, mais j'ai décidé d'oublier mes *a priori*, car c'était précisément pour éprouver la sensation de cette énergie décrite depuis des millénaires que j'avais commencé à pratiquer. Très vite, j'ai commencé à percevoir la circulation du *qi* dans mon corps et, lorsque j'ai pu commencer à diriger son mouvement à l'intérieur de moi, puis à l'extérieur, j'ai été très ému. Je ne m'étais jamais senti aussi vivant. J'ai donc recommandé à mes patients d'essayer à leur tour. Et les résultats ne se sont pas fait attendre.
Comme toutes les activités méditatives, le qi gong diminue la réactivité du cerveau au stress ; il permet donc de vivre beaucoup plus apaisé. En mobilisant le corps, il aide à rester souple et à garder l'équilibre ; c'est ainsi que les personnes âgées qui le pratiquent régulièrement chutent moins fréquemment. Il accroît la capacité respiratoire, améliore la fonction cardiaque, et favorise une répartition optimale des différentes énergies qui assurent le bon fonctionnement de l'organisme. Autant d'effets bénéfiques que les Chinois mettent sur le compte d'une meilleure circulation du *qi* dans les méridiens d'acupuncture. Appliqué à l'art du combat, le qi gong est devenu le kung-fu, d'où sont nés le tai-chi-chuan et l'ensemble des arts martiaux chinois et japonais.

Thierry Janssen, chirurgien
devenu psychothérapeute,
nous invite à penser autrement
pour se soigner différemment.
Derniers ouvrages parus :
La Maladie a-t-elle un sens ?, Fayard, 2008
Le Défi positif et *Confidences d'un homme en quête de cohérence*,
Pocket, 2013 et 2014.

Vivre la voie du Tao

Le concept de Tao fascine.
Comment le mettre en pratique sous l'éclairage de la tradition chinoise ?

Catherine Despeux, vous êtes une des grandes spécialistes de la Chine et une pratiquante du qi gong, une gymnastique ancestrale fondée entre autres sur l'observation du mouvement des animaux, et du tai-chi, cet art martial transformé en une danse aux séquences précises. Au Fu Xing Park de Shanghai ou sur les quais, on voit toutes sortes de pratiques tournant autour de ces disciplines. Vous avez publié sur le sujet divers livres où vous détaillez l'ensemble de ces exercices : quelle est leur utilité chez nous aujourd'hui ?

Catherine Despeux : Ce ne sont pas tant les exercices dans leur diversité qui sont importants que la façon dont on les pratique, avec une attention particulière sur le corps, sur la respiration et sur l'esprit. Et cette pratique, pour être efficace, se doit d'être quotidienne, la tradition chinoise insiste beaucoup là-dessus ! Le problème est que la mentalité actuelle a tendance à privilégier la forme plutôt que le fond. Le tai-chi-chuan est devenu aujourd'hui, en Occident comme en Chine, un sport très prisé pour ses prouesses techniques, parfois impressionnantes, mais cela s'est fait au détriment de la recherche plus intériorisée que cet art implique.

Cela signifie qu'on aurait privilégié l'art externe au détriment de ce que les Chinois eux-mêmes appellent l'art interne ?

C.D. : Oui, mais tout un courant veut retrouver l'esprit de cet art interne. Il faut revenir alors à la présence de soi qui surplombe la technicité et s'ouvre sur une subtile recherche intérieure qui révèle peu à peu l'essence même de notre être.

Un maître de tai-chi comme Gregorio Manzur dit que ce sont des méditations en mouvement. Pouvez-vous détailler le travail qu'il faut alors faire sur le souffle et sur la conscience ?

C.D. : Tout état d'être, tout état d'esprit se reflète dans le corps. Il faut trouver un nouveau rapport entre l'organisme et la psyché : or le lien fondamental entre ces deux éléments se trouve dans la respiration. Le travail sur les gestes et sur les flux d'inspir et d'expir permet un affinement des perceptions qui crée une nouvelle conscience du corps, de l'esprit et du Moi, ce véhicule. En cela, on peut dire en effet qu'il s'agit d'une méditation qui permet une présence à soi à la fois différente et beaucoup plus fine.

Les exercices de qi gong comme le vol de l'aigle, soulever le ciel, polir le miroir… invitent à se sentir éclairci, tout comme une méditation assise invite à se sentir épuré intérieurement. Ces deux pratiques, qui combattent l'agitation inquiète et permanente qui nous habite, sont-elles complémentaires ?

C.D. : Oui, certainement : elles sont d'ailleurs considérées comme complémentaires dans les traditions orientales. Mais dans le mouvement comme dans l'immobilité consciente, il y a alternance d'états plus légers, frais et aériens, et d'états d'être glauques, lourds et pesants : ce qui importe, c'est de ne pas se figer dans quoi que ce soit et de dépasser ces perceptions diverses pour avancer dans ce travail subtil qui se fait en soi. Vouloir s'attacher à un état nous fige dans celui-ci. En cela, les mouvements du tai-chi, qi gong et autres, ainsi que l'assise méditative, recentrent et modifient tout notre rapport au monde en affinant le champ des possibles. On se trouve aussi en contact avec ce que les Chinois appellent le *wei wu wei*, l'« agir sans agir », qui forme une expérience source de luminosité et de grande joie. Lao Tseu compare le Tao à l'eau qui coule continuellement. Il s'agit de retrouver en soi cette fluidité à travers toutes les expériences et émotions que l'on peut traverser en tant qu'individu.

Ces pratiques réveillent donc ce *chi* qui est en nous et elles nous propulsent dans la vie : commen traduiriez-vous alors les notions de *chi* ou de *qi* chères aux Chinois et Japonais ?

C.D. : Plutôt que de les traduire, comme c'est souvent le cas, par « énergie », je préfère le mot « souffle » pour définir cette force de transformation qui est à l'œuvre en nous. Je trouve que ce terme d'énergie nous tire vers des notions de vitalité, qui existent certes dans ces pratiques, mais ne sont pas centrales par rapport à la fluidité symbolisée par le souffle. Pour qu'il y ait souffle, il faut qu'il y ait vide. Il faut d'abord retrouver la source originelle en nous, ressentir la force de vie en mouvement pour être régénéré. Comme le dit Lao Tseu dans son chapitre 4 : *dans le vide il y a une source inépuisable*. Cela n'a donc rien à voir avec le vouloir être mieux, avec l'envie de retrouver de l'énergie.

On ne peut que constater cet effet en soi, c'est tout. Ces pratiques nous donnent un goût et une saveur d'essentiel, que l'on retrouvera ensuite dans les aléas de la vie quotidienne. Dans toutes ces pratiques, il existe un équilibre fondamental à trouver entre l'effort et le lâcher-prise. Cela se résume à l'art de vivre en soi le yin et le yang.

L'attention à la respiration forme-t-elle le lien entre tous ces états et doit-elle être permanente ?

C.D. : Oui, jusqu'à ce que s'installent des automatismes qui font que, selon la formule de Dürckheim, « cela respire en moi ». Il n'y a plus alors ni attention ni absence d'attention, on est conscient sans en être conscient. La respiration devient « souffle » au sens du *pneuma* grec : il n'y a plus de différence entre souffle interne et souffle externe. Les taoïstes parlent d'ailleurs de respiration embryonnaire : ce ne sont plus seulement le nez ou les poumons qui respirent, mais toutes les parties du corps, tous les pores de la peau, tout s'ouvre. Les taoïstes disent que l'on se nourrit alors de souffle !

Curieuse expression que cette « respiration embryonnaire »...

C.D. : Le fœtus, dans la matrice, ne respire pas par le nez ! Mais pour parvenir à cela, il faut évidemment que notre respiration devienne abdominale et que tout le corps respire. Tchouang-tseu dit d'ailleurs que le sage respire par les talons ! Ce n'est pas seulement une idée ou une image : on peut tout à fait ressentir, lorsqu'on atteint une plénitude de la respiration abdominale, que celle-ci se diffuse dans toutes les parties du corps jusqu'aux extrémités et devient le souffle. Les mouvements se situent dans l'espace en soi et autour de soi. L'individu n'est plus enfermé dans un corps de chair qui serait comme une barrière. Chaque fois qu'il y a abolition de cette frontière entre extérieur et intérieur, il y a transformation de l'être et celle de son positionnement dans l'espace et le temps. Cela amène à changer de point de vue.

Le Moi essentiel se distancie du moi habituel et voit d'autres perspectives qui le sortent de ses habitudes de fonctionnement, des contradictions qui nous habitent et de la dualité de notre monde. Il s'agit d'un processus d'unification... Tous les exercices, qu'ils soient en mouvement ou immobiles, y conduisent. Cette attention à soi que l'on déclenche à soi va conditionner l'efficacité de la pratique. On parle chez les taoïstes d'alchimie interne, car la recherche de la pierre philosophale est transposée à l'intérieur de soi, notre corps devient l'atelier et il s'agit de faire de l'or en soi. Faire apparaître le meilleur de soi...

Chez les taoïstes se trouve très souvent mentionnée leur quête d'immortalité. Est-ce que symboliquement on peut dire que ces pratiques font apparaître quelque chose d'immortel en soi ?

C.D. : En dehors des excès d'interprétation, il y a vraiment l'idée qu'il y a en nous et dans le cosmos quelque chose qui est au-delà de la mort et de l'éternité. L'immortalité n'a rien à voir avec une longévité mythique, mais avec l'idée que la vie profonde d'un individu ne s'arrête pas à la vie humaine, dans la mesure où cette vie fait partie du mouvement même du cosmos. Il s'agit de retrouver le Tao, « qui existe sans exister » disent les taoïstes. Le vide dont nous parlions est vide plein, un plein vide en perpétuelle évolution. S'il y a une chose qui est éternelle, c'est le changement…

Il faut donc changer avec le changement et s'adapter sans cesse. C'est aussi pour cela que le taoïsme insiste beaucoup sur cette simplicité originelle à savoir retrouver sans cesse en soi. Même si tout change constamment, il y a une qualité de la présence dans l'instant. Plus celle-ci est forte, plus on se trouve en contact avec la source et plus les choses coulent de source !

Propos recueillis par Marc de Smedt

Sinologue française, spécialiste du taoïsme, Catherine Despeux est professeur émérite à l'Inalco. Elle a récemment publié : *Lao-tseu, le guide de l'insondable*, éd. Entrelacs, 2010. *Taiji Quan* aux éd. Trédaniel,1990 et *Pratiques des femmes taoïstes : méditation et alchimie intérieure*, éd. Les Deux Océans, 2013.

Gilles Farcet

La force du recueillement

AUJOURD'HUI, AVEC UN RECUL DE TRENTE-SEPT ANS, JE ME RENDS COMPTE À QUEL POINT LE SIMPLE FAIT DE M'ASTREINDRE À M'ASSEOIR ET DE DEMEURER IMMOBILE UN CERTAIN TEMPS CHAQUE JOUR CONSTITUE EN SOI UN DÉFI ET UN RICHE APPRENTISSAGE.

Mis à part quelques prières vite expédiées et qui tenaient plus de la répétition mécanique, on ne m'avait jamais enseigné ce qu'était l'intériorité. Apprendre à surmonter peu à peu l'agitation qui, à peine assis, se révélait dans toute son intensité, faire face à l'afflux des pensées, progressivement aller vers une forme d'apaisement, voilà qui était précieux dans un monde où, déjà, tout le monde paraissait affligé de la « danse de Saint-Guy » – et que dire aujourd'hui de nos capacités d'attention émiettées...

Ma rencontre avec Arnaud Desjardins a été déterminante dans ma découverte de la méditation. Il prônait une pratique vécue dans le courant de l'existence, ce qu'on pourrait appeler une méditation en action dans la lignée de son maître Svâmi Prajñânpad – lequel demeurait lui-même chaque jour en silence, « immobile comme une statue ».
La forme qu'il proposait était largement inspirée du zazen, qu'il avait lui-même pratiqué sous la houlette de son ami et mentor le maître zen Taisen Deshimaru avec qui il avait longuement séjourné au Japon pour les besoins d'un documentaire. Il insistait notamment sur les points d'appui de la respiration et de la posture (assis sur un coussin, dos droit, jambes croisées, « pousser le ciel avec la tête et le sol avec les genoux »). Sur cette base très proche du zen, Arnaud Desjardins dispensait, lors des méditations dites « guidées », un enseignement pédagogique très puissant, aussi bien tiré de ce qu'il avait reçu de Svâmi Prajñânpad que de ses années de pratique dans différents ashrams[1].

Méditer à chaque instant

Arnaud Desjardins devait continuer à guider quasi quotidiennement des méditations pendant plus de vingt ans, jusqu'à sa mort. Devenu l'un de ses collaborateurs permanents à l'ashram de Hauteville, je me montrai des années durant très assidu aux méditations du matin. J'eus ainsi le privilège de recevoir un enseignement inestimable. La méditation n'était pas envisagée comme la pratique suprême, mais plutôt comme un exercice préparatoire à la pratique, qui se vit dans le courant du quotidien.
Dans le contexte préservé de la méditation, nous avons tout loisir d'observer les fonctionnements qui prennent place en nous et

d'apprendre à entrer de manière beaucoup plus consciente en relation avec ce qui est, c'est-à-dire le champ total de notre expérience ici et maintenant. À quelqu'un qui lui disait un jour avoir bien des difficultés à s'astreindre à une pratique quotidienne de la méditation, Arnaud fit cette réponse fulgurante : « *Ne méditez pas tous les jours une demi-heure ; méditez cinq cent mille fois par jour un instant.* »

Pour moi, tout est là : pratiquer régulièrement la méditation constitue une aide précieuse, mais elle n'est pas suffisante pour apprendre à méditer dans le courant de l'existence.
Aujourd'hui, ma pratique évolue. Je distingue la méditation en tant que telle en l'appelant le « recueillement ». Lorsqu'est venu pour moi le moment où, me sentant désormais suffisamment solide et enraciné pour ne plus devoir me méfier des élans mystiques de ma jeunesse, j'ai éprouvé le besoin d'aborder ce qui m'apparaît comme un stade ultérieur, ni contradictoire ni supérieur, mais d'une autre nature. Ce que j'appelle le « recueillement » a pour objet explicite l'entrée en relation avec « le plus grand », le « Tout Autre », ce que d'aucuns appellent « Dieu ».

Créer son autel personnel

La pratique n'est finalement rien d'autre que la redécouverte d'une attitude universelle en usage dans toutes les traditions. Dans chacun des lieux où il m'est actuellement donné de vivre et de travailler, j'ai pris soin d'aménager ce que je nomme un espace de recueillement. Cet espace peut n'être qu'un recoin de quelques mètres carrés, mais il importe qu'il soit beau, harmonieux et surtout « appelant » : autrement dit qu'il m'appelle spontanément au recueillement chaque fois que j'y passe ou l'aperçois. Pour constituer cet espace, quelques ingrédients simples : un petit « autel » – table, cheminée – sur lequel je dispose des représentations pour moi signifiantes et suggestives de cette dimension du « Tout Autre ».

Dans mon cas, une photographie de mon maître Arnaud, une icône du Christ, un portrait de Yogi Ramsuratkumar, le maître de Lee Lozowick dont la rencontre m'a marqué à jamais, une ou deux statuettes, quelques bougies et un bâtonnet d'encens. À chacun bien sûr de choisir des représentations signifiantes pour lui.

Pourquoi des photos ou des statues ? Pas par idolâtrie mais parce que, ainsi que cela a été de tout temps connu, certains visages, certains objets transmettent quelque chose de cette dimension dite spirituelle. Une Vierge noire, une icône, une thangka, un bouddha en bois obéissant aux canons de la tradition ne sont pas seulement de « beaux objets ».

Par-delà leur esthétique, ils véhiculent pour l'œil averti une réalité autre. On peut en dire autant des photographies d'authentiques sages ou êtres spirituellement mûrs : autant de visages du Plus Grand sensible à travers le regard, la posture, ce qui émane de la forme. Il s'agit donc de s'asseoir à leurs pieds afin de les contempler et de recevoir ainsi ce qu'ils ont à nous enseigner.

Prêter attention au souffle

Installé sur un coussin ou tout simplement bien posé sur une chaise, je commence par me rassembler en utilisant tout ce que m'ont appris des années de méditation. Dos droit, menton légèrement rentré, main posée sur les genoux, pieds ou genoux – selon la posture, assis par terre ou sur un siège – bien ancrés au sol, je sens l'enracinement, la verticalité, comme une énergie qui viendrait d'en haut et passerait par la tête pour descendre jusqu'aux pieds ou genoux en contact avec la terre, puis remonterait dans l'autre sens.

Je prête attention au rythme naturel du souffle, inspiration, expiration. Ces repères élémentaires m'aident très vite à m'éprouver présent, entièrement là. Sur cet indispensable fondement de présence, j'entame l'ouverture au Plus Grand à travers la contemplation des images, statuettes, objets et lumières disposés sous mes yeux. Le regard comme chaviré de tendresse douloureuse de Yogi Ramsuratkumar me parle du cœur brisé, de ce qui en moi se languit du Bien-Aimé, de la souffrance qui règne sur le monde comme de la possible rédemption.

Le portrait d'Arnaud n'est pas seulement celui d'un beau vieillard. Ses yeux, sa posture disent quelque chose de la dignité intrinsèque de l'homme. La statuette représentant un bouddha en méditation, léger sourire sur les lèvres, yeux mi-clos, assis de tout son poids, me montre ce que peut être l'intériorité. La photo d'une fresque représentant Jésus et « le disciple qu'il aimait » penché vers lui me renvoie à ma relation à mon maître, c'est-à-dire à la profondeur de moi-même. La bougie qui brûle et éclaire le tout m'aide à veiller, elle rend plus tangible cette lumière « qui brille dans les ténèbres et éclaire tout homme » pour peu qu'on s'ouvre à elle.

Pour ce qui est des pensées, je ne cherche pas, comme dans la méditation, à simplement les laisser passer ; je les oriente vers des situations ou des personnes que j'entends déposer au pied du Plus Grand. Parfois, je laisse venir ce qui spontanément se présente ; j'ai ainsi la surprise de voir surgir en moi les visages de gens depuis longtemps disparus. Parfois, ce sont des personnes perdues de vue, des hommes ou femmes que j'accompagne sur le chemin, voire des inconnus croisés dans la rue dont la vision ressurgit.

Toutes ces personnes, je les confie à cette lumière et à ces présences. Cette pratique est une « prière », car c'est une démarche consistant à tout remettre, moi-même, les autres, les circonstances, entre les mains de cette présence qui fait que je suis là, conscient.

Entrer dans une autre perspective

L'utilisation des images, photos et objets ne relève pas pour moi d'une quelconque idolâtrie, mais d'une attitude religieuse au sens essentiel du terme, celui du latin *religare*, « relier ». Nous autres, produits d'une époque aussi peu reliée qu'elle est « connectée », nous avons, je crois, grand besoin de cette « reliance » pratiquée et connue sous diverses formes depuis l'aube des temps.

Car c'est bien de perspective dont il s'agit, que nous parlions de méditation ou de ce que j'appelle ici recueillement. Qu'est-ce finalement que la « vie spirituelle », sinon une perspective ? Et qu'est-ce que l'absence de vie spirituelle sinon un défaut de perspective ? Le « nez dans le guidon », nous allons notre chemin toujours tendus vers un objectif (« bonheur », « équilibre », « réussite », « sécurité », voire « éveil » ou « illumination » !) qui recule sans cesse devant nous. Oublieux de la nature du réel, à savoir l'impermanence de tous les phénomènes, nous sommes peu disponibles à ce qui est, et encore moins à l'émerveillement d'être.

Nous nous donnons beaucoup de mal, comme le disait Svâmi Prajñânpad, « pour mourir sous le harnais ». Chaque fois que je pratique le recueillement, ne fût-ce que quelques minutes, je cultive une autre perspective. Je repars dans le courant de l'existence avec une vision plus vaste, une conscience que, une fois ma part accomplie, rien n'est plus entre mes mains et qu'une intelligence est à l'œuvre. J'avance en me sentant davantage porté, « recueilli » par le réel qui me dépasse.

« *Le calme est*
la substance de la sagesse
et la sagesse est
la fondation du calme.
Chaque fois que le calme fonctionne
en lui est la sagesse.
Chaque fois
que fonctionne la sagesse
le calme est en elle. »

Houei-neng

Auteur d'une quinzaine d'ouvrages dont *Sur la route spirituelle*, aux éditions du Relié, Gilles Farcet transmet aujourd'hui un enseignement dans la lignée d'Arnaud Desjardins.

Le cerveau droit :

C'EST UNE EXPÉRIENCE QUE BEAUCOUP CONNAISSENT.
LORSQUE NOUS NOUS RETROUVONS EN ÉTAT DE STRESS,
OU EN BUTTE À UN CHOIX DIFFICILE,
OU TOUT SIMPLEMENT D'HUMEUR MARÉCAGEUSE,
NOUS AVONS RECOURS À UN RITUEL PERSONNEL,
PAR LEQUEL, PEU À PEU,
L'INCESSANT BLABLA DE LA CONSCIENCE FINIRA PAR SE TAIRE.
PAR EXEMPLE UNE LONGUE MARCHE À PIED,
UNE SÉANCE DE MÉDITATION TRANSCENDANTALE,
UNE IMPROVISATION RYTHMÉE À LA GUITARE OU AU PIANO.
ET LE PLUS SOUVENT, ÇA MARCHE : ON NE PENSE PLUS,
ET VOILÀ QU'INATTENDUE,
L'IDÉE JUSTE SURGIT
COMME PAR ENCHANTEMENT.
ON S'EST « VIDÉ LA TÊTE »
ET VOILÀ QU'ON « REPREND SES ESPRITS ».

**TÊTE D'HYPNOS, DIEU GREC DU SOMMEIL ET FRÈRE JUMEAU DE LA MORT.
ÉGYPTE, IIIE SIÈCLE AVANT J.-C.**

Philippe Nassif

notre part divine ?

Qu'avons-nous fait exactement ? Quelle est cette transe douce dans laquelle nous plongeons et qui nous éclaire ?

« Aucune magie », nous répondra le neurophysiologiste : nous avons tout simplement abaissé l'activité du cerveau gauche – plus verbal et analytique – et intensifié l'activité de l'hémisphère droit – dédié aux images et aux opérations de synthèse. Rien de mystique ? Et si ce que nous détaillions à force d'admirables schémas neurobiologiques était précisément ce que les Anciens concevaient comme une expérience spirituelle ? Et si, de l'incantation au pied d'une idole à, disons, une longue course à pied dans la nature, il s'agissait encore et toujours de la même histoire : reprendre – ou plutôt se reconnecter à – ses esprits ?
L'hypothèse ne relève pas de l'intuition littéraire. Elle a été formulée en termes scientifiques par l'Américain Julian Jaynes, il y a une trentaine d'année, dans un livre culte et encore trop peu connu : *La Naissance de la conscience dans l'effondrement de l'esprit*[1]. Au carrefour de l'histoire des religions et des sciences du cerveau, le génial et érudit psychologue, mort en 1997, y développe la théorie fascinante, et très convaincante, de « l'esprit bicaméral ». Et il renouvelle notre vision de l'homme.

De quoi s'agit-il ? De nous arracher d'abord à ce que nous pensons communément être la conscience. Les expériences scientifiques, le témoignage des grands créateurs ou l'observation des patients aux cerveaux défaillants nous apprennent que la pensée consciente n'est pas à l'origine de l'action, de l'intuition ou même de la raison : il est possible, en laboratoire, de constater que lorsque le sujet croit prendre une décision consciente – par exemple appuyer sur un bouton –, son cerveau l'a déjà devancé de quelques centièmes de secondes. Or si notre conscience se contente d'enregistrer une décision survenue hors conscience, on peut en conclure qu'elle n'est pas indispensable à la vie.

La lente évolution de la conscience

Pour tout dire, jusqu'au IIe millénaire avant Jésus-Christ, l'homme aurait vécu sans elle. Là est la grande théorie, le trait de génie, la découverte de Julian Jaynes : la conscience, loin de remonter aux origines animales, est le fruit récent de l'histoire des hommes, démontre-t-il en scrutant les premières écritures hiéroglyphiques ou cunéiformes. Mais alors, comment nos ancêtres agissaient-ils ? Réponse : sous l'effet physiologique du stress – dont le seuil était très bas –, l'homme ancien entendait dans son cerveau droit la voix d'un dieu qui lui prescrivait son action. Il était alors doté d'un esprit « bicaméral » : dédoublé en une partie qui commandait (l'hémisphère droit) et une partie qui obéissait (l'hémisphère gauche) : une voix inconsciente, « *à l'aide de la sagesse accumulée pendant sa vie, lui disait inconsciemment quoi faire* ». Autrement dit : l'homme ancien hallucinait chacune de ses décisions.

Pour mieux comprendre cet état de fait, Jaynes nous propose de comparer l'*Iliade*, composée vers 1200 av. J.-C., et l'*Odyssée*, apparue trois siècles plus tard. Dans les aventures d'Achille et Hector, il est en effet frappant de constater qu'aucun personnage n'a d'autonomie de conscience : ce sont toujours Zeus, Athéna, Apollon qui le commandent, le conseillent et le guident. Avec le voyage d'Ulysse, le paysage psychique a connu une révolution décisive : l'esprit bicaméral s'est effondré, les dieux devenus faibles et craintifs ne dictent plus au héros ses actions, mais ce dernier témoigne au contraire d'un « moi » propre qui lui permet de ruser, jouer de duplicité, mentir – autant de choses inconcevables dans le monde de l'*Iliade*.

C'est que la conscience s'est développée. À quoi sert-elle ? Là est l'autre très belle réponse de Jaynes : la conscience fait essentiellement des métaphores. Elle éclaire une idée abstraite par un fait concret, elle ramène l'inconnu au connu. Par exemple : l'amour est comme une rose. Cela veut dire que l'amour est un phénomène fragile, qui ne dure qu'une saison et qui pourtant blesse celui qui s'en saisit. Ainsi, le déploiement de la conscience nous ouvre à un monde de plus en plus sophistiqué, complexe, bavard aussi, mais qui finit par faire écran à nos intuitions divines.

L'histoire est une chute progressive de l'esprit bicaméral. Vers 2000 av. J.-C., on se met à laver la bouche des statues car la voix des dieux qu'elles représentent devient plus sourde. Vers 1230 av. J.-C., un roi, l'Assyrien Tikulti-Ninurta Ier, s'agenouille pour la première fois devant son dieu en espérant l'entendre à nouveau – « *Celui qui n'a pas de dieu, tandis qu'il marche dans les rues, la migraine l'enveloppe tel un vêtement* », lit-on sur une tablette gravée sous son règne.
L'histoire des hommes devient « une quête de l'autorisation perdue » : divinations, augures, oracles apparaissent. Mais les dieux, finalement, se taisent. Du moins lorsque nous ne sommes pas schizophrènes : eux entendent encore des voix venues de leur cerveau droit mais, confrontés à une culture sans dieux, ils vivent cette expérience dans la douleur et l'incompréhension.

C'est qu'il y a encore 4 000 ans, soutient Jaynes, tous les hommes étaient des schizophrènes : l'histoire est une mutation, relativement rapide à l'échelle de l'humanité, de notre fonctionnement cérébral.

Reconnecter les deux hémisphères de notre cerveau

En remontant aux origines, la théorie de Jaynes met le doigt sur l'universel fonctionnement anthropologique : la nature bicamérale de l'esprit éclaire des savoir pratiques aussi différents que le « corps esprit » asiatique – ou le geste juste surgi sans intention consciente – et la psychanalyse freudienne – qui, elle, met l'accent sur le réseau des mots qui nous constituent mais qu'un « retour du refoulé » peut tout à coup fracturer et faire s'effondrer.

Elle nous amène surtout à simplifier le problème de l'actuel malaise dans la culture, en décapant le motif de la « mort de Dieu » des épaisses couches de casuistique accumulées depuis un siècle. À suivre Jaynes, « Dieu est mort » signifie bien plus simplement : la communication entre les deux hémisphères de notre cerveau a été interrompue. Le poids des mots a comme écrasé le choc des hallucinations. Tel est le prix à payer pour l'essor de la conscience de soi.
« *Cependant, l'esprit continue à être hanté par ses anciennes manières inconscientes. Il se remémore sans cesse les autorités perdues. Quant au désir ardent, profond et épuisant de servir la volonté divine, il nous habite toujours* », note Jaynes, mélancolique. Mais de ce constat, il nous appartient sans doute aujourd'hui de tirer les conséquences : Dieu est mort par déconnexion des deux hémisphères cerébraux ? Cela signifie donc : le divin revient chaque fois que nos deux cerveaux communiquent.

Le théoricien qui a le mieux exploré ces questions en France est sans doute François Roustang, ancien jésuite défroqué par la psychanalyse lacanienne, puis passé à l'hypnose selon Erikson : « *L'état de transe, qu'il soit provoqué par une séance d'hypnose ou par une journée de randonnée, explique l'auteur de* Il suffit d'un geste[2], *nous libère de notre statut d'individu lié à un "moi", et donc du rapport moyen-fin, explication-délibération. Dans cet état, tous les items d'une situation sont perçus, non pas explicitement, mais globalement et d'un seul coup. On cesse d'être dans la discontinuité : toutes les conditions nécessaires à une action nous apparaissent alors. C'est comme si on se laissait choisir plutôt qu'on ne choisissait.* »

Il s'agit plutôt de se demander : quels sont les bons exercices susceptible de nous plonger en transe pour nous mettre à l'écoute de notre cerveau droit ? Pour la plupart, la course à pied à travers la nature est sans doute plus efficace qu'une soirée en boîte de nuit.

Mais l'essentiel est ailleurs : il nous est manifestement impossible de vivre en ignorant la dimension spirituelle qui oriente, nourrit et enrichit notre conscience. Et peut-être comprendra-t-on mieux l'affirmation de Georges Bataille, ce grand aventurier de la mort de Dieu, pour qui la spiritualité est devenue synonyme de « *la volonté de chance* » : ne rien vouloir ni rien prévoir, mais simplement se rendre disponible aux événements afin d'y répondre par la bonne décision, le bon geste, la bonne parole. Cultiver les exercices justes afin d'être plus souvent attentif aux intuitions de notre cerveau droit ou, pour le dire avec les mots antiques, à notre part divine.

1. Presses universitaires de France, 1994.

2. Éd. Odile Jacob, 2004.

Philippe Nassif est journaliste aux *Inrockuptibles* et à *Philosophie Magazine*. Il a écrit *La Lutte initiale : quitter l'empire du nihilisme*, éd. Denoël, 2001.

Dr Jacques Vigne

Tenzin Palmo, méditer pour sauver le monde

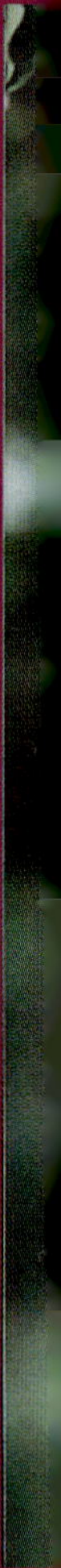

TENZIN PALMO, JEUNE LONDONIENNE INITIÉE EN ORIENT AU BOUDDHISME TIBÉTAIN, A PASSÉ PRÈS DE DOUZE ANS EN RETRAITE DANS UN ERMITAGE DANS L'HIMALAYA ET A FONDÉ, À LA DEMANDE DU DALAÏ-LAMA, UNE COMMUNAUTÉ DE MONIALES PRÈS DE DHARAMSALA.

Le Dr Jacques Vigne est allé à la rencontre de ce personnage hors du commun et a passé lui-même une semaine seul en retraite dans son ermitage. Voici le récit de cette visite : les conseils de la moniale s'avèrent inspirants !

Je l'ai rencontrée pour la première fois en 2009. Elle était venue rendre une dernière visite à mon maître Swami Vijayânanda, lui-même disciple de la grande sainte hindoue Mâ Anandamayî. Il était alors très âgé et avait passé près de dix-huit années en solitude dans l'Himalaya.
Swamijî, qui touchait peu les gens, a ce jour-là laissé sa main dans celle de Tenzin Palmo pendant près d'une heure. C'est la seule fois, durant les vingt-cinq ans que j'ai suivi son enseignement, que je l'ai vu faire cela. Ils étaient touchants, comme deux enfants qui se retrouvaient.

Quelques années après, je suis allé rendre visite à Tenzin Palmo dans le couvent pour nonnes tibétaines qu'elle a fondé en Himachal Pradesh, à l'est de Dharamsala. Le monastère de Dongyu Gatsal Ling est niché sur la crête d'une colline, d'où l'on voit la ligne enneigée de l'Himalaya. C'est une sorte de petit Tibet. Dans le monastère des hommes, situé à quelques kilomètres de distance, vivent une dizaine de togden, des yogis tibétains qui transmettent la grande tradition de Milarépa. Un des buts de ce monastère de femmes est de rétablir la branche féminine de cette tradition, qui était très développée au Tibet avant que ses grandes pratiquantes, les togdenma, ne soient tuées ou dispersées par l'invasion chinoise.

Tenzin Palmo ne se place pas sur un piédestal, elle ne se présente pas comme élue par la divinité, comme d'autres enseignants spirituels peuvent parfois avoir tendance à le faire. Elle communique au contraire le sentiment que ce qu'elle a fait, chacun de nous peut le faire. Quand elle nous donne des indications pour la méditation, c'est comme si elle se parlait à elle-même, et qu'elle essayait de comprendre encore mieux son propre esprit pour pouvoir le mettre en forme à la perfection.

De la banlieue de Londres jusqu'au Tibet

Née en 1943 dans la banlieue de Londres, Tenzin Palmo a perdu son père à l'âge de deux ans. Sa mère, qui travaillait dur pour élever ses trois enfants, suivait l'enseignement du spiritisme, ce qui a initié très tôt sa fille aux questions de l'après-vie et en particulier à la réincarnation, à laquelle elle a toujours cru. Son éducation anglicane ne l'a pas marquée ; pour elle, « être anglican à cette époque-là dans la banlieue de Londres, c'était comme être au milieu de nulle part ! ».

Tenzin Palmo devant la grotte où elle vécut douze ans.

Elle enviait ainsi ses amies juives qui, elles, avaient une forte identité culturelle et religieuse. Elle a ensuite été guidée par l'idée que l'être humain devait se libérer par lui-même, qu'il n'avait pas à attendre un salut provenant de l'extérieur. Voici comment elle raconte son enthousiasme à la lecture de son premier livre sur l'enseignement du Bouddha : « Je me souviens de façon très claire quelle révélation extraordinaire cela a été pour moi d'apprendre qu'il y avait un chemin parfait, déjà établi, et qui embrassait toutes les choses auxquelles je croyais déjà. Penser qu'il pouvait y avoir une religion qui enseignait ceci était vraiment stupéfiant pour moi ! Toutes les autres religions que j'avais rencontrées postulaient de façon obligatoire une déité. Par contraste, le bouddhisme était un chemin qui menait à l'intérieur, rendant toute notion d'un créateur extérieur ou d'un dieu totalement superflue. Quand je suis arrivée à la moitié du livre, j'ai dit à ma mère : "Je suis une bouddhiste." Elle m'a répondu : "C'est bien, ma chérie. Finis de lire le livre et raconte-moi tout cela." Six mois plus tard, elle-même est aussi devenue bouddhiste. »

À l'âge de vingt ans, elle est finalement partie en Inde, à Dalhousie, dans le nord de l'Himachal Pradesh. Elle y a travaillé avec Freda Bedi, une Anglaise qui avait épousé un Indien rencontré à l'université d'Oxford, qui avait combattu pour l'indépendance de l'Inde et avait été emprisonné pour cela. Elle connaissait personnellement Gandhi et la famille Nehru. Elle avait fondé une école pour les petits toulkous, qui venaient de fuir le Tibet après l'invasion chinoise. Quelque temps après, le jour de l'anniversaire de ses vingt et un ans, Tenzin Palmo a rencontré le huitième Khamtrul Rimpoché. C'était pour elle comme de « retrouver un ami qu'on avait quitté depuis bien longtemps », et en même temps, elle se souvient d'avoir senti combien « il incarnait en face d'elle la partie la plus intime et essentielle d'elle-même ».

Douze ans dans une grotte

Tenzin Palmo s'est d'abord rendue dans le petit monastère de Tayul, à 10 km au-dessus de Kelyong, la petite capitale du Lahoul sur la route de Manali au Ladakh. C'est un joli ensemble de bâtiments perdus dans la grande forêt himalayenne. Elle a passé plusieurs années dans cette communauté chaleureuse. Mais les moniales y vivaient dans l'ambiance d'une famille villageoise élargie, ce qui n'étanchait pas la soif de solitude de la jeune moniale. C'est ainsi qu'une vieille nonne lui a parlé d'une grotte que l'on pouvait atteindre en trois ou quatre heures de marche par une montée assez raide dans la forêt. Tenzin Palmo décida d'aller s'y consacrer à la retraite. Elle la fit aménager à l'époque pour la somme très modeste de deux cents roupies, ce qui se révéla un bon investissement puisqu'elle y a passé douze ans, souligne-t-elle avec humour.

Pendant six mois de l'année, toute voie de communication était coupée par la neige. Celle-ci pouvait cependant être fondue et procurer de l'eau lorsque la source, située à un kilomètre de là, n'était pas accessible. Tenzin Palmo passait les longs hivers en retraite totale. En été, elle travaillait pour préparer l'hiver et couper du bois. Quelqu'un venait lui apporter des vivres depuis la vallée. Une fois, personne n'a pu venir pendant six mois, alors Tenzin Palmo a moins mangé.

En automne, elle descendait à Tashi Jong rencontrer son maître. Il avait l'habitude de ses visites, et lui demandait à un moment donné : « Où est votre liste ? » Elle sortait alors sa longue kyrielle de questions, et le maître lui répondait point par point. Au début, il lui donnait des pratiques à faire, mais ensuite, il écoutait davantage les pratiques qui lui venaient spontanément ou qui l'attiraient, et il la guidait. Le Khamtrul ne lui a, en fait, donné que peu d'initiations directes, car à chaque fois il l'envoyait chez un autre maître spécialiste de chaque pratique afin qu'elle la développe.

En mai dernier, j'ai eu le privilège de monter à la grotte où Tenzin Palmo a passé environ douze ans en retraite. Mon séjour n'a duré qu'une semaine, mais même ce temps assez bref a été très intense pour moi. Pour la première fois de ma vie je vivais dans une grotte, un abri sous roche qui a été muré avec porte et fenêtre, en haut d'une pente de l'Himalaya à 4 300 mètres d'altitude.

Dans un ouvrage qu'elle a consacré au récit de ces douze années de retraite, Tenzin Palmo se souvient : « J'étais très heureuse là-haut. Parfois, je me demandais à moi-même : "Si je pouvais être n'importe où dans le monde, où serais-je ?" En réponse, je choisissais toujours la grotte. Et je me demandais également : "Si je pouvais faire n'importe quoi au monde, qu'est-ce que je ferais maintenant ?" Et la réponse était : "Je ferais ma pratique dans la grotte." Ainsi, c'était du bon temps pour moi... L'expérience de solitude était très gratifiante parce que j'avais à apprendre à me débrouiller par moi-même avec tout ce qui arrivait, que ce soit à l'extérieur ou à l'intérieur... En plus des choses pratiques, j'ai compris comment mon mental fonctionnait. Il y avait une quantité infinie de temps, sans distractions extérieures, simplement pour voir comment mon esprit changeait, comment les pensées et les émotions s'élevaient, comment nous nous identifions à elles, comment se désidentifier et dissoudre toutes les pensées et les émotions de nouveau dans cette dimension spacieuse d'où elles étaient venues. »

Méditer pour sauver le monde

Au bout de ces nombreuses années, et à la suite d'une retraite stricte de trois ans, elle a accepté de retourner en Europe à l'invitation d'un couple d'amis américains, disciples de Mâ Anandamayî, qui venaient de s'installer à quelques kilomètres d'Assise, en Toscane. Tenzin Palmo est venue vivre dans une maisonnette située sur leur propriété, au milieu du vallon boisé de Santa Maria del Lignano. Ce lieu lui a servi de base pour des activités d'enseignement en Europe.

Elle aimait Assise, grâce à l'esprit de saint François, des communautés hindoues et bouddhistes qui s'y sont aussi installées, et de sa qualité spirituelle particulière et puissante qui lui faisait penser à Bodh-Gayâ, le lieu de l'illumination du Bouddha au Bihar. Malgré les flots de touristes, beaucoup de gens ont des expériences spirituelles profondes en ce lieu, même lorsqu'ils ne viennent que par simple curiosité.
La renommée de Tenzin Palmo lui aurait alors permis de vivre de visites dans les centres bouddhistes de par le monde. Mais une fois récoltés les fonds nécessaires à la construction de sa communauté, elle a refusé de se sentir davantage piégée par l'organisation de ses tournées. Fonder une communauté de moniales était l'ambition de sa vie et elle a pu la réaliser dans un couvent près de Dharamsala, fondé en 2000. Début 2010, ce qui est devenu le grand monastère de trois cents nonnes d'Amitabha, près de Katmandou, accueillait un grand événement : Tenzin Palmo recevait du Ngawang Drugpa, le chef de son ordre Drugpa, du Dragon, le titre de Jetsunma qui signifie « grand yogi » ou « maître », comme l'était Milarépa.

© Dongyu Gatsal Ling Nunnery. DR.

TENZIN PALMO A FONDÉ LE COUVENT DE DONGYU GATSAL LING.

De cette expérience en Occident, Tenzin Palmo a gardé la conviction que méditer pouvait contribuer à changer le monde. En Suisse, elle a passé un certain temps avec des moines catholiques et des nonnes dans une grande institution à Zurich, dont le fondateur et certains de ses collaborateurs avaient été initiés au zen au Japon. Dans le cadre des programmes humanitaires qu'ils dirigeaient, ils ont ajouté la méditation dans la formation donnée à des économistes, des politiciens, des directeurs de banque et nombre de personnes avec de hautes responsabilités, aux Nations-unies en particulier.

Tenzin Palmo a été confortée par le succès qu'ils ont rencontré. Un succès qui dépassait leurs rêves les plus fous, car il répondait une demande du public. Ainsi pour la moniale, « la méditation n'est pas une pratique égoïste qui n'aide que les individus. Elle a des avantages beaucoup plus vastes. Tant que nous sommes piégés par notre propre ignorance, notre avidité, notre colère, tout ce que nous touchons est pollué. Si nous voulons sauver le monde, nous devons nous sauver d'abord nous-mêmes ».

Jacques Vigne vit en Inde,
il est psychiatre et l'auteur de
plusieurs ouvrages dont :
Soigner son âme,
aux éditions Albin Michel, 2007,
ainsi que : *Ouvrir nos canaux d'énergie par la méditation* aux
éditions du Relié, 2013.

Le temps qui se raccourcit

Tenzin Palmo a une réponse intéressante à la question suivante : « Pourquoi la vie se raccourcit-elle quand nous vieillissons ? »

Il en est ainsi parce que nous sommes de plus en plus robotisés. Quand nous sommes des petits enfants, tout est si fascinant que la vie semble se développer pour toujours. Chaque journée est grande, car il y a tellement de choses merveilleuses qui apparaissent et nous sommes tellement intéressés. Ainsi, l'enfance semble une très longue période. Mais quand nous devenons léthargiques et ralentis, nos esprits deviennent de moins en moins curieux et nous fonctionnons de plus en plus en pilotage automatique dans nos relations, dans notre vie sociale, au travail ; même dans notre vie intime, nous devenons de plus en plus somnambules. C'est pourquoi la vie perd de sa vivacité et semble plus brève... En fait, tout cela est un signe d'alarme pour nous aider à nous réveiller et à rétablir cette curiosité originelle de l'enfance ainsi qu'une qualité fraîche de l'esprit.

Conseils sur la méditation

SI L'EXPÉRIENCE DE TENZIN PALMO LUI PERMET DE GUIDER LES GENS SUR DE NOMBREUX ASPECTS DE LA MÉDITATION, LE SENS DE SON ENSEIGNEMENT SE RÉSUME DANS LA RÉPONSE QU'ELLE ME FIT LORSQUE JE LUI DEMANDAI QUEL ÉTAIT SON CONSEIL AVANT QUE JE NE PARTE EN RETRAITE EN HIMALAYA. ELLE ME REGARDA ET ME DIT : « AYEZ DE LA JOIE DANS CE QUE VOUS FAITES ! »

Méditer les yeux ouverts Quand on demande à Tenzin Palmo comment développer la capacité de bien méditer les yeux ouverts ou mi-clos, elle rappelle un souvenir d'un des premiers grands pratiquants tibétains qu'elle a rencontré après son arrivée en Himachal Pradesh, en 1960. Il lui a simplement conseillé de prendre une pierre, de la mettre devant elle et de la regarder fixement. C'était comme si toute l'immobilité de l'Himalaya tibétain était venue à sa rencontre, elle, la petite Anglaise de la banlieue de Londres. Elle a bien pris le temps de pratiquer cette immobilité de pierre, condensée dans ce conseil, durant douze ans dans sa grotte. Les Tibétains disent ainsi que méditer les yeux ouverts éclaircit l'esprit.

Devenir la méditation « Un des problèmes que nous, Occidentaux, rencontrons en méditation, c'est que nous considérons qu'il y a deux choses : d'une part, l'objet de méditation et, d'autre part, nous-mêmes en train d'essayer de méditer sur lui. Dès le début, nous avons cette dichotomie. Il y a moi, et il y a la pratique, et je suis celui qui me prépare à effectuer la pratique. C'est comme deux montagnes qui font face l'une à l'autre. Alors, les gens se demandent pourquoi ils ne progressent pas. Nous devons dissoudre la barrière entre le sujet et l'objet. En d'autres termes, nous devons devenir la méditation. Une fois que nous sommes devenus cette méditation, les résultats viennent immédiatement car l'esprit se fond dans son objet. Si nous gardons l'esprit séparé de la pratique, ils ne se rejoindront jamais, quel que soit le temps que nous y consacrons... Certaines personnes affirment qu'un esprit qui est focalisé et concentré devient rigide. Mais c'est une idée bizarre. En fait, quand l'esprit est totalement concentré et absorbé dans son objet, il devient doux et fluide. Il suit ce qu'on lui demande de penser. Il devient le *su rung wa,* en tibétain : "malléable", "capable d'être travaillé".

« Le mental est très entraîné dans l'art de bavarder. Nous devons donc le reprogrammer. Ceci demande de la patience et un travail dans la durée, mais nous pouvons le faire. Quand l'esprit commence à expérimenter et apprécier la paix et la tranquillité, il se met à engendrer son propre enthousiasme, à condition toutefois que nous ne le poussions pas trop fort... Nous n'avons rien à faire avec la respiration quand nous décidons de l'observer. Nous n'avons pas à juger si elle convient ou non. Nous n'avons qu'à nous "inspirer nous-mêmes", et nous "expirer nous-mêmes". Nous pouvons effectuer cela toute la journée. Qui donc est tellement pris par son travail qu'il ne trouve plus le temps de respirer ? »

Méditer en conscience

« Le sens de la méditation, c'est d'engendrer un esprit qui soit totalement relaxé et en même temps totalement vigilant. Si vous entrez dans un bon état, rêveur, paisible, dans lequel vous ne voulez pas bouger et où vous sentez que vous pourriez rester assis pendant des heures dans cette attitude tranquille, mais dans un brouillard vague, vous êtes parti complètement de travers. C'est très facile de faire cela. On sent que c'est très agréable. Certaines personnes pensent même qu'elles se rapprochent du samâdhi, mais en fait c'est un état bien connu et désigné sous le nom de léthargie mentale.

« Le bouddhisme ne vise pas le sommeil, le mot Bouddha signifie au contraire l'"Éveillé". Mâ Anandamayî, qui était une grande sainte hindoue bengalie, disait que cela n'avait pas d'importance de savoir dans quels stades de méditation vous étiez arrivés : si vous n'en aviez pas une conscience claire, ce n'était de toute façon pas un bon état. L'essentiel est de maintenir cette vigilance, cette conscience, cette connaissance. Cela a une importance énorme en méditation. »

Lutter contre la colère et le désir

Pour lutter contre le poison de la colère, les méditations d'apaisement peuvent utiliser diverses méthodes. Traditionnellement, le premier travail consiste à remplacer cet état par son contraire, par exemple la gentillesse aimante. Il est important de commencer à l'appliquer à soi-même, c'est-à-dire de se pardonner d'être ou d'avoir été en colère. Bien sûr, il est très utile de revenir au corps en observant précisément le réseau de tensions liées à cette colère.

Cela permet de détendre les tensions une à une, et de faire passer dans des zones voisines l'énergie contraire correspondant à la pacification. Cela devient un travail de vipassana.

Une autre méthode consiste à rejouer intérieurement ce qui nous a mis en colère, à le regarder à distance, comme un film, et à voir alors s'il est possible de repasser le scénario d'une façon différente. Tenzin Palmo sourit en se rappelant qu'en Occident, beaucoup de gens viennent la voir pour savoir comment dépasser la colère, mais très peu lui demandent comment se débarrasser du désir. En effet, la première n'est pas agréable du tout, alors que le second peut sembler l'être. Pourtant, c'est la frustration du désir non réalisé qui en général induit la colère.

Le Bouddha disait que se mettre en colère créait un karma huit fois pire que glisser dans le désir, mais extraire les racines du désir était huit fois plus difficile que d'extraire les racines de la colère, et ce parce que toute une partie de nous-même trouve que le désir est bon. Tenzin Palmo répond ainsi à la question fondamentale de savoir s'il faut se débarrasser du désir : « Cela dépend de ce que vous voulez dire par désir. Le désir pour l'illumination est un bon désir. Nous n'avons pas à nous débarrasser de lui. Le problème avec les désirs ordinaires, c'est qu'ils nous trompent constamment. Nous imaginons tout le temps que si nous pouvions les satisfaire, nous serions heureux. Mais les désirs du monde sont comme de l'eau salée. Plus on en boit, plus on a soif. Le problème n'est pas tant le désir lui-même que notre attachement envers lui. »

Le ménage intérieur Nous ne nous occupons pas assez de purifier notre propre esprit, alors que nous passons du temps à mettre en ordre notre appartement ou notre bureau. Tenzin Palmo formulait cela ainsi : « Sans l'esprit, nous serions morts. Nous serions comme un morceau de bois coupé à la base. On peut dire que nous vivons en fait dans notre esprit bien plus que dans notre pays, notre maison ou notre corps...

Nous pouvons nous mettre à ranger notre maison intérieure en jetant à la poubelle ce qui ne sert à rien. Ramassez chaque chose et demandez-vous : "Est-ce que c'est utile ou non ? Pourquoi ai-je transporté ça tout du long ?" Débarrassez-vous-en. Ayez un bon grand nettoyage de printemps. L'esprit se sentira beaucoup plus propre et plus spacieux. Il faut laver les vitres afin d'y voir clairement. Cela doit être notre priorité numéro un. Pourquoi traiter notre l'esprit comme si c'était quelque chose qui n'est pas important ? »

La vigilance « Sachez ce que l'esprit fait. Soyez avec lui. Cela n'est pas aussi facile qu'il y paraît ! Presque obligatoirement, nous nous mettons, certes, à cesser de penser à d'autres choses et à faire d'autres commentaires, mais nous nous disons aussi : "Oh, c'est facile. Je suis très vigilant." Aussitôt que nous avons l'idée : "Je suis vigilant", nous ne sommes plus vigilants. Nous avons juste une pensée à propos du fait d'être vigilant. La vraie vigilance est non verbale. »

Un sâdhu errant a insisté lourdement pour que le Bouddha lui donne un enseignement. Celui-ci le condensa de façon très brève : « Eh bien, dans l'écoute, qu'il y ait seulement l'écoute ; dans la vue, qu'il y ait seulement la vue, dans le ressenti, qu'il y ait seulement le ressenti et dans la pensée, qu'il y ait seulement la pensée ! »

Tenzin Palmo fait remarquer que nous sommes toujours conscients au sens ordinaire du terme. Mais nous ne sommes pas conscients que nous sommes conscients. Cette forme de vigilance doit être introduite aussi dans les relations avec les autres :

« La seule réalité à laquelle nous ayons accès, c'est ce que nous faisons au moment même où nous le faisons. Et si nous manquons cette réalité, nous la perdons, car l'instant d'après elle a cessé d'exister. Chaque personne que nous rencontrons est la personne la plus importante au monde pour nous à ce moment-là, parce que c'est la personne en face de nous... Quand nous rencontrons les gens, notre première pensée doit être : "Puissiez-vous aller bien et être heureux." Il ne s'agit pas de se demander si nous aimons la personne ou non. Ce qui arrive tout simplement à cet instant est cela, et c'est seulement à cela que nous avons accès... C'est suffisant. Ce moment se transformera dans le moment suivant, qui se transformera encore dans le suivant. Ce n'est pas spectaculaire. Ce n'est pas de la lumière, de la musique ou de la béatitude ; mais cela transformera notre vie. »

Soigner la douleur Pour le dire en d'autres termes, lorsque nous sommes conscients, chaque moment est le moment juste pour faire, dire ou penser ce qui est approprié à cet instant-là. En ce sens, la souffrance physique peut devenir source d'enseignement, comme en témoigne Tenzin Palmo :

« Si vous avez un mal de tête, vous prenez une aspirine et ça ira ; mais si vous avez une douleur qui est inévitable, à ce moment-là, il faut apprendre à vivre avec. La douleur elle-même peut devenir une méditation merveilleuse.

« Je me souviens d'un jour où je coupais du bois près de ma grotte. La hache a glissé et mon pouce s'est trouvé presque tranché. Je l'ai pansé avec une écharpe blanche tibétaine. C'était très douloureux. Ma réaction initiale a été l'aversion : "Comment puis-je me débarrasser de cette douleur ?" Mais au lieu de cela, nous pouvons porter l'attention sur la douleur elle-même. D'ailleurs, elle s'impose à notre vigilance, il est donc facile de se focaliser dessus. Qu'est-ce que la douleur que nous découvrons alors?

« Ce n'est pas un grand bloc solide. Quand nous entrons en elle, elle apparaît plutôt comme une ondulation. Elle est comme composée de beaucoup de filaments. Une fois, j'ai eu une infection aux yeux qui a duré plusieurs mois. J'avais très mal, je ne pouvais voir et devais rester dans l'obscurité. Cette douleur était intéressante : elle était comme une symphonie.Il y avait les violons et les percussions. Il n'y avait pas une seule sorte de douleur. Il y avait celles qui étaient comme des coups de couteau, celles qui se tordaient, celles qui étaient extrêmes. Quand je suis entrée dans celles-ci, il n'y avait plus la vision de "je ressens la douleur". Il n'y avait plus de douleur. J'étais complètement absorbée dans ces sensations variées. Si vous allez même plus profondément, derrière la cacophonie, le bruit de la douleur, il y a le silence sous-jacent. »

Sortir de la culpabilité Par rapport aux Tibétains, les Occidentaux ont une grande propension à s'en vouloir à eux-mêmes, à culpabiliser. Une fois, le Dalaï-Lama a effectué un test pendant une rencontre du Mind and Life Institute : il a demandé aux participants s'ils s'en voulaient souvent à eux-mêmes. Les Tibétains dans l'ensemble ont répondu non, et les professeurs de psychologie et autres savants occidentaux ont répondu oui. Les Occidentaux doivent donc être particulièrement vigilants et commencer à cultiver la gentillesse aimante en la dirigeant déjà vers eux-mêmes.

On peut également appliquer une méthode traditionnelle à propos des émotions négatives : « Une autre manière de gérer les émotions négatives, une fois que nous avons développé une vigilance forte, consiste à voir les pensées et les émotions dans leur nature essentielle lorsqu'elles remontent, au lieu de sauter dedans et de s'y emmêler. Nous les pénétrons de notre regard et nous voyons qu'elles ne sont pas solides. Elles sont transparentes et fluides. Leur nature est vide. Si nous pouvons voir ceci au moment même où les pensées ou les émotions s'élèvent, alors, à

ce moment précis, nous les transformons en une source énorme d'énergie claire. De tels moments nous procurent une attention très aiguisée… Si nous avons ce niveau de vigilance, tout ce qui survient est naturellement libéré au moment même. Alors, il n'y a plus de problème. »
Cela revient à suivre le fil directeur de la méditation, par exemple l'observation du souffle, et à remplacer les tensions provenant des désirs et des peurs par l'attention à la vacuité, et ce précisément dans chaque endroit du corps qui se rappelle à la conscience.
Une autre manière de gérer les émotions négatives chez les autres, par exemple la colère, est de se souvenir que les gens, à cause de leur histoire particulière, ont leurs raisons de se mettre en colère à ce moment-là. Ce n'est pas nous qui avons provoqué ces raisons. Voilà une prise de conscience qui pacifie.

L'esprit du vide : la vacuité « La vacuité (*shûnyatâ*) ressemble à une maison sans habitant. C'est comme être dans une maison vide dont toutes les portes et fenêtres sont ouvertes avec la brise qui passe au travers... Quand j'étais jeune et que je travaillais encore dans une bibliothèque, mon esprit pouvait entrer dans ce type de conscience, et je regardais les gens autour de moi.
« Je pouvais voir comment ils étaient impliqués de façon incroyable dans toutes leurs idées, leurs émotions, leurs informations quotidiennes, leurs relations, et tout le reste qui leur arrivait. Il n'y avait pas d'espace : ils étaient complètement engagés. C'était comme s'ils suffoquaient. J'ai réalisé que moi aussi, la plupart du temps, j'étais comme cela. Une énorme compassion s'est alors élevée en moi. J'ai vu combien de souffrances et de douleurs nous créons pour nous-mêmes et pour ceux qui nous entourent. Et pourtant, nous ne le voulons pas : ce que nous voulons, c'est être heureux. »

> Rien n'est plus gratifiant
> que de mettre
> notre esprit en ordre
> et d'acquérir
> une compréhension
> de sa vraie nature.
>
> Cela est fructueux
> non seulement
> pour nous-mêmes,
> mais pour tout le monde
> et partout.
>
> Tenzin Palmo

Le problème

Le vrai maître est celui qui vous connaît mieux que vous ne vous connaissez vous-même.

Tenzin Palmo a vécu une telle expérience avec son lama : « Il me disait des choses qui ne m'étaient jamais venues à l'esprit, mais qui étaient complètement justes. Ainsi, j'ai eu une entière confiance en lui, car je savais qu'il me comprenait complètement. Comment pourriez-vous avoir de la confiance et de l'abandon en quelqu'un, juste comme ça ?

« Un nouveau problème est apparu aujourd'hui du fait que le vajrayâna (le bouddhisme tantrique) est maintenant très connu, tant en Orient qu'en Occident, et que beaucoup de lamas se déplacent constamment de par le monde. Ils sont présents pour quelques jours, ils donnent une initiation et quelques enseignements, et ensuite voilà, ils ne sont plus là. Peut-être ne reviendront-ils qu'après des années... Comment allez-vous rentrer en contact avec eux, et si c'est le cas, comment allez-vous les rencontrer de nouveau ? Et comment se souviendront-ils de qui vous êtes ?

« C'est un grand problème. Dans les textes vajrayâna, on dit que vous devez examiner votre enseignant, ou plutôt votre enseignant potentiel, jusqu'à douze ans avant de l'accepter. Un enseignant authentique n'est pas pour une vie, il est pour toutes les vies... Il montre l'esprit afin que vous entrevoyiez au moins pour un instant sa nature réelle.»

Il est difficile d'établir ce lien, mais ce n'est pas impossible.

« Avant cela, nous pouvons nous débrouiller en recevant des enseignements et des instructions de temps en temps provenant de lamas en visite, qui sont qualifiés et qui nous inspirent confiance… Personnellement, je ne pense pas que le vajrayâna soit pour tout le monde. Si nous ne sommes pas prêts pour de longues retraites, il est important de garder notre pratique simple.

« Plusieurs lamas m'ont avoué qu'il était très difficile pour eux d'avoir étudié, en tant que tête de lignée, beaucoup de pratiques différentes, mais de n'avoir pas le temps de les effectuer et même d'en digérer une seule pleinement. Ils sont tous d'accord sur le fait que la voie réelle vers le succès est de rester concentré et de garder une pratique simple qui a un sens pour vous. »

du maître

Ainsi la pratique de visualisation du Bouddha dans le cœur est une occasion de développer l'espace intérieur....

Cela rend notre vie quotidienne beaucoup plus agréable parce que nous avons une zone centrale calme, tranquille dans laquelle nous pouvons prendre refuge.

Bien que la pratique elle-même soit tout à fait simple et que tout le monde puisse la faire, elle peut avoir un effet de transformation stupéfiant si nous la faisons avec beaucoup de conscience. Le seul problème, c'est que nous sommes paresseux et nous ne pratiquons pas.

Quelqu'un a demandé une fois à un lama très affectueux qui s'appelait Jamgon Kongtrul de lui donner un conseil sur la pratique. Il a répondu : « Faites-la !»

Ces pratiques ne sont pas réellement compliquées. Nous pouvons tous les faire. Cela dépend de nous. Personne ne peut nous forcer. Personne ne peut non plus nous arrêter. Si nous les faisons de tout notre cœur, aussi souvent que nous le pouvons, nous en retirerons des bénéfices stupéfiants.

Si nous n'utilisons pas notre vie quotidienne comme une pratique, rien ne changera jamais.

Il ne suffit pas d'aller à des centres du Dharma, ou même de ne faire qu'une méditation-quotidienne. Cela n'a pas d'importance de savoir combien de connaissances intellectuelles nous absorbons et avec quelle intelligence nous comprenons les concepts et les idées.

La question est de savoir si quelque chose à l'intérieur de nous a réellement changé.

Est-ce que notre esprit est illuminé par ces pratiques ?

Sommes-nous de meilleures personnes ?

Avons-nous plus de considération pour les autres ?

Sentons-nous une compassion réelle à partir du cœur ?

Ce sont là les questions qu'un maître comme Tenzin Palmo prend soin de soulever.

La traduction du livre de Tenzin Palmo : *Reflections on a mountain lake,* paraîtra aux éd. Le Courrier du Livre.

VOICI HUIT PERSONNAGES QUI ONT MARQUÉ L'ESSOR DE LA MÉDITATION EN OCCIDENT : RELIGIEUX OU LAÏCS, ILS ONT SU TRANSCENDER LES CLIVAGES ENTRE LES DIVERSES SPIRITUALITÉS POUR RECHERCHER LEUR DÉNOMINATEUR COMMUN.

La méditation est cette faculté d'appréhension totale de la globalité de la vie : de là naît l'action juste.

Krishnamurti Philosophe sans frontières et sans attaches, Jiddu Krishnamurti (1895-1986) a marqué le XXe siècle par son talent dialectique et sa clarté de pensée. À la fin de sa vie, il se mit à parler devant ses auditoires de l'importance de la méditation.

Comme le pensait le Bouddha : il n'est d'autres enfers ou d'autres paradis, point d'autres dieux protecteurs ou terribles que ceux que nous créons ; pas d'autres bénédictions que celles que nous nous conférons nous-mêmes.

Alexandra David-Néel Écrivain et exploratrice (1868-1969), elle fut en 1924, la première Européenne à séjourner incognito dans Lhassa, cité interdite et capitale du Tibet, après un périple de quatorze années en Inde et dans l'Himalaya. Elle séjourna encore en Chine près de dix ans avant de se retirer à Digne pour écrire ses nombreux livres.

Le silence est notre nature profonde. Silencieuse, la conscience éternelle continue, en deçà de notre naissance et au-delà de notre mort. Être silencieux : revenir à l'origine de la nature humaine.

Taisen Deshimaru Moine zen Soto, Taisen Deshimaru (1914-1982) vint enseigner la pratique du zazen (méditation assise) en France et en Europe de 1967 à sa mort : il y fonda plus de deux cents dojos et le temple zen de la Gendronnière, près de Blois.

On peut méditer pour ranimer et régénérer la foi traditionnelle. Tout cela est sans doute bon. Mais la méditation peut et doit être bien autre chose : l'instrument d'une percée vers l'être essentiel.

K.G. Dürckheim

Karlfried Graf Dürckheim (1896-1988) fut le premier à jeter, après la Seconde Guerre mondiale, un pont entre les psychothérapies d'Occident et la sagesse de la méditation zen.

Méditer est considéré comme une pratique. Mais nous nous rendons compte que la méditation est au contraire une non-pratique, par l'effacement des différents mouvements de la pensée, et de tout ce qui encombre notre conscience.

Arnaud Desjardins Réalisateur de télévision très connu par ses films sur les spiritualités orientales, Arnaud Desjardins (1925-2011) devint un enseignant respecté en France pour son œcuménisme dans la suite de son maître Svâmi Prajñânpad, philosophe et laïc hindou.

Chaque jour, contemplez le ciel, la terre, les arbres, la rivière… pour pouvoir toucher ce qui est beau, ce qui est de la nature vraie et qui rafraîchit. Vous pouvez dénouer bien des nœuds en vous-mêmes.

Thich Nhat Hanh

Ordonné moine au Viêt-nam en 1946, Thich Nhat Hanh (né en 1926) dut s'exiler en 1972 comme refugié politique en France, du fait de son combat pour la paix. Il y fonda le Village des Pruniers, vaste ensemble monastique où se pratique la méditation.

Un jour, vous réalisez que vous méditez maintenant depuis plusieurs mois ou plusieurs années et que vous ne résistez plus à la discipline. Sans avoir fait de vous un saint, elle vous a transformé et elle est devenue une façon de vivre qui enrichit tous les aspects de votre être.

Laurence Freeman

Né en 1951, ce moine bénédictin, qui fut journaliste, a fondé en 1977 au Québec, avec son célèbre mentor John Main, la Communauté mondiale pour la méditation chrétienne, qui est présente aujourd'hui dans plus de cent pays.

Un chrétien, un musulman, un juif, un non-croyant peuvent se servir des techniques de méditation enseignées dans le bouddhisme pour trouver le bonheur et la paix intérieure.

Tenzin Gyatso Intronisé comme 14ᵉ Dalaï-Lama et donc chef temporel et spirituel des tibétains, ce moine gelugpa (1935-) exilé en Inde, a reçu le prix Nobel de la paix en 1989. Il a toujours plaidé pour une autonomie du Tibet, prôné l'harmonie entre les religions ainsi que l'étude des processus méditatifs par la science moderne afin de prouver leur efficacité pour le mieux être de l'humanité.

À lire...

Krishnamurti

Face à soi-même, éd. Presses du Châtelet
Mettre fin au conflit, éd. Presses du Châtelet

Alexandra David-Néel

Voyages et Aventures de l'esprit, éd. Albin Michel
Journal de voyage (Correspondance avec son mari, vol. 1 et 2) aux éd. Pocket

Taisen Deshimaru

La Pratique du zen, éd. Albin Michel
Zen et Arts martiaux, éd. Albin Michel

K.G. Dürckheim

Hara, centre vital de l'être, éd. Le Courrier du Livre
Le Centre de l'être, propos recueillis par J. Castermane, éd. Albin Michel

Arnaud Desjardins

À la recherche du Soi, éd. Pocket
Approches de la méditation, éd. Pocket

Thich Nhat Hanh

Ce monde est tout ce que nous avons, éd. Le Courrier du Livre
Transformation et guérison, éd. Albin Michel

Laurence Freeman

La Voie de la contemplation, éd. Le Passeur
Lettres sur la méditation, éd. Albin Michel

Le Dalaï-Lama

L'Art du bonheur, éd. J'ai Lu
Au-delà de la religion : une éthique pour le nouveau millénaire, éd. Fayard

© Élisabeth Inandiak. Le site de Borobodur en Indonésie devant le volcan Merapi. D.R.

Élisabeth D. Inandiak

La Voie des cendres

Une simple méditation au Tibet face à un stupa vide a conduit l'auteur dans une incroyable épopée sur les traces d'un maître de l'an mille.

“ Médite ! ”

C’EST SUR L’INJONCTION D’UN JEUNE MOINE DU TEMPLE DE JOKHANG, À LHASSA, QUE JE REÇUS MA PREMIÈRE LEÇON DE MÉDITATION. C’ÉTAIT L’ÉTÉ DE L’AN 2000.

Le jeune moine était l’un de ces êtres rares faits, plus de lumière que de chair. Il avait entrepris d’étudier la philosophie pendant vingt ans pour ensuite partir méditer dans une grotte jusqu’à la fin de sa vie. De Lhassa, nous avions pris un taxi jusqu’au monastère de Nethang, sur la route de l’aéroport, et nous avions donné 100 yens au chauffeur pour qu’il nous attende là une heure. Nous avions traversé la route à pied et marché dans un champ d’orge moissonné jusqu’à une sorte de ferme en torchis.

À l’intérieur se dressaient deux stupas blancs qui montaient jusqu’au plafond. Le ménage n’avait pas été fait depuis longtemps. Le sol en ciment était poussiéreux. Les araignées tendaient leurs toiles dans les angles de la pièce comme des bannières de prière. Le jeune moine désigna le plus volumineux des deux stupas, celui d’Atisha : un grand maître indien invité au début du XIe siècle par le roi du Tibet pour restaurer et réconcilier toutes les écoles du bouddhisme. Atisha était resté treize ans au Tibet et était mort là, dans cette ferme qui avait été son lieu d’études. « Eh bien médite ! Tu as une heure avant que le taxi ne reparte sur Lhassa. »

« Méditer ? Ici ? Comme ça ? » À vrai dire, je ne savais pas méditer. Et puis je n’étais pas venue ici pour méditer, mais juste « pour voir » où s’était éteint ce grand maître indien dont la présence me poursuivait depuis plusieurs années. Je compris plus tard que le jeune moine m’enjoignait précisément de « voir », mais avec l’œil du cœur.

Le stupa du temple reste muet

Je m’assis en tailleur sur le sol humide et glacé, au pied du stupa tout blanc. Sous mes paupières closes, mes yeux percevaient la malice des derniers rayons du soleil qui entraient par une fenêtre à doubles battants placée très haut, sous la pente du toit. Parfois, le vent du soir fermait un des battants, ou les deux, et le stupa devenait tout noir. J’entendais la course du balai en paille dans les mains du jeune moine qui avait entrepris de faire le ménage. Il tournait autour du stupa en chantant des mantras dans les tourbillons de poussière. L’air de rien. J’écoutais, intriguée, la conversation très agitée que mon esprit entretenait avec Dieu sait qui ?

« On dit muet comme une pierre. N'attends rien de ce tas de pierres. Un stupa est censé contenir les reliques d'un saint. Or comment ce stupa pourrait-il contenir les reliques d'Atisha ? Elles ont été volées par l'armée chinoise lors de l'invasion du Tibet et emportées à Pékin. Puis, conformément aux instructions de Chou En-lai avant sa mort, elles ont été offertes en 1978 par le gouvernement chinois au Bangladesh, terre natale d'Atisha, et préservées dans le monastère bouddhiste de Dhaka.

« C'est là qu'en octobre 1997, alors que tu enquêtais sur la vie de ce saint bengali, le vénérable Suddhananda Mahathero t'a remis contre toute attente une partie des précieuses reliques "pour adoration et vénération". Ne sachant comment adorer ni vénérer des cendres, tu les as enfermées dans ton armoire. Enfin, le 30 avril 2000, tu as apporté les cendres d'Atisha au Dalaï-Lama à l'occasion du quarantième anniversaire de son exil en Inde. Et te voilà à présent au Tibet les mains nues. Ce voyage n'est pas un pieux pèlerinage, mais une marche dans les terres intérieures du désarroi pour faire le deuil des cendres et entendre peut-être ce qui se dit quand tout s'est tu. »

Bouddha thai en bronze

Quand mon esprit suspendait un instant son bavardage, le stupa devenait blanc, transparent. Je voyais dans sa transparence qu'il était vide, si vide qu'il entrait en moi. J'étais le vide du stupa, parfois lumière, parfois ombre. Et le stupa sortait de moi, et c'était moi qui entrais dans son vide. Dans ce vide, je vis la tombe vide de ma grand-mère dans le petit cimetière au-dessus de l'église d'un village de Saône-et-Loire. Ma grand-mère entrée à l'hôpital, émaciée et radieuse :
« Qu'avez-vous, ma brave dame ?
– J'ai la mort, docteur ! » Je la vis faire don de son corps à la médecine. Je vis le prêtre prononcer l'oraison funèbre devant le cercueil vide descendant dans la fosse. Et la pierre tombale se refermer sur ce vide.

Le vent ferma les deux battants de la fenêtre. Le stupa redevint noir. Sourd, lourd, gourd. Ma vue se perdit dans cette férocité de pierres. Tout s'effondra de l'intérieur. Ne resta plus que mon corps en larmes prosterné contre le sol glacé. Lorsque je me redressai, c'était l'heure. Le jeune moine avait fini de balayer. Le froid et la nuit étaient tombés. Nous regagnâmes Lhassa sous une pluie d'étoiles. Nous nous arrêtâmes en route pour manger une soupe de raviolis piquants dans une gargote joyeuse. Je ne cessais de pleurer. C'était comme des retrouvailles très anciennes. Bouleversantes car absolument incompréhensibles.

La rencontre avec un maître de l'an mille, Atisha

Pourquoi ce lien profondément aimant avec Atisha ? Personnage dont j'ignorais tout avant cette nuit de l'été 1994 dans les montagnes vertigineuses du Zanskar (Himalaya indien). Après dix jours d'une marche épuisante, j'avais trouvé refuge dans le couvent bouddhiste de Karsha, à une altitude de 4 200 mètres. La nonne Lobsang Dolma m'avait offert l'hospitalité dans sa cellule creusée dans la roche. L'impression de dormir dans le ventre de la terre. À travers la lucarne, les neiges éternelles électrifiaient la nuit. La béatitude m'avait gagnée à son étreinte totale. Le tout s'était fait rien. Et le rien s'était empli d'une voix sans voix : « C'est comme à Java... C'est comme à Java... »

De retour à Yogyakarta, l'ancienne cité javanaise, en Indonésie où je vis depuis 1990, la voix avait continué à me hanter. C'est alors qu'un ami, expert en mystique javanaise, m'avait parlé d'un lien possible entre l'Indonésie et le Zanskar : Atisha.
Selon cet ami, Atisha (983-1054) était un maître tantrique ordonné moine bouddhiste, qui en l'an 1013 était parti à Sumatra (Indonésie) pour parfaire ses connaissances et troquer son amour-propre contre le propre de l'amour : la Bodhicitta. Atisha avait rencontré bien des maîtres en Inde qui lui avaient indiqué la voie de la Bodhicitta par toutes sortes de subterfuges, comme le très compatissant Dharmaraksita qui avait taillé un morceau de chair dans le gras de sa hanche afin de le greffer sur celle d'un grand malade.

Ou encore ce saint homme qui avait tant annulé la frontière entre lui et les autres que les coups assénés à un chien à deux lieues de là tuméfiaient son corps. Mais de cette étreinte de l'intelligence et de l'amour, seul Serlingpa, son maître indonésien, en possédait la grâce. Après son retour en Inde, Atisha avait été invité au Tibet pour diffuser les enseignements reçus de ce Serlingpa, l'homme de l'île d'or.

C'est ainsi que j'étais entrée dans les pas d'Atisha, sans savoir qu'ils allaient me conduire jusqu'au havre de la plus haute science de l'esprit : la méditation.
Au cours de mon voyage au Tibet, j'avais été très intriguée par les nombreuses représentations d'Atisha dans les temples. Il était toujours figuré tout petit, avec son bonnet rouge, entre les trois Tara : la Verte, la Blanche et la Bleue, celle du cœur. Il semblait naître de cette trinité féminine. À la lecture de ses biographies tibétaines, je découvris que toute sa vie Atisha avait été guidé par Tara, principale déité féminine de la compassion dans le bouddhisme. Tara la Verte, la libératrice, lui apparaît alors qu'un bataillon de scorpions encercle son berceau.

La légende raconte qu'il sourit à un nuage dans le ciel tressé de joncs et de jacinthes d'eau sur lequel est assise une jeune fille nubile d'une beauté miraculeuse. Ses mains ouvertes tracent une danse verte immobile qui tue en douceur la peur et la souffrance. Onze ans plus tard, alors que le prince parade sur un char, entouré des plus gracieuses princesses des royaumes voisins, Tara la Bleue se montre à lui avec ses sept yeux : deux dans ses mains, deux dans ses pieds, deux au visage et le septième au front. Sur l'eau cristalline de chacun de ses iris vogue la barque de la Délivrance dans laquelle ceux qui sont montés n'aperçoivent le rivage que lorsque la terre, le ciel et la barque elle-même se sont effacés.
Le prince lui demande : « Que vais-je gagner à méditer ? » Tara lui répond : « Tu vas tout perdre. » Dans la première nuit de ses douze ans, Atisha décide de tout perdre. Il quitte son royaume pour devenir un méditant.

Tara lui apparaît encore à Bodhgaya, alors qu'il est devenu moine. Elle lui dit de prendre la mer jusqu'à Sumatra pour rejoindre Serlingpa, son maître le plus cher.

Une méditation sur la souffrance du monde

Même si elles restaient pour moi une énigme, ces Taras m'émerveillaient parce qu'elles m'offraient enfin un modèle féminin de méditante, de la même manière que dans mon enfance, Zette, la sœur jumelle de Jo dans la bande dessinée de Hergé, m'avait offert un modèle féminin d'aventurière intrépide. Et puis elles me renvoyaient à mon rêve de petite fille : avoir des apparitions de la Vierge Marie, comme la petite bergère de La Salette. Trois ans après mon voyage au Tibet, sur les recommandations d'un ami tibétain, membre du gouvernement en exil, je partis « voir » la grotte miraculeuse de Tara dans la région de Pharping, au Népal.

> Un homme et une femme qui actualisent un esprit calme et ferme progressent dans leur éveil.
>
> Atisha

Ces montagnes abritent plusieurs monastères de tradition tibétaine où des moines méditent pendant trois ans, trois mois et trois jours sans jamais sortir de leur cellule. « Sauf à la lune bleue », me dit un vieux moine qui venait de sortir de sa retraite. « Mais la lune bleue n'existe pas », s'empressa-t-il d'ajouter en riant aux éclats. J'avais un peu honte de lui dire que j'avais fixé le temps de ma retraite à seulement cinq jours. Plein de bienveillance, il m'expliqua que le but de la méditation était de discipliner son esprit. Ne pas le laisser vagabonder.

Aussi fallait-il choisir un objet de méditation précis et ne plus en changer pendant toute la durée de la retraite. Pendant trois ans, trois mois et trois jours, lui-même avait médité sur le corps de Bouddha. Il me suggéra, pendant mes cinq jours, de méditer sur la souffrance du monde.

Vaste programme. Je ne risquais pas de m'ennuyer. On m'offrit une chambre confortable avec terrasse au premier étage du monastère des moinillons. Les six heures de méditation quotidiennes que je m'étais fixées, entrecoupées de la lecture des enseignements d'Atisha, se transformèrent rapidement en suffocation. La vaste souffrance du monde se pétrifia en un bloc de douleurs étriquées qui contemplait, horrifié, les flots d'ordures jaillir de mon esprit. Et les textes d'Atisha me semblaient abscons, austères, d'une logique discursive redoutable :

La doctrine enseignée par les Bouddhas
Repose sur deux degrés de vérités :
La vérité conventionnelle qui trompe le monde
Et la vérité ultime à plus haut sens.

Deux sortes de vérité conventionnelle se présentent :
Déformée et valide.
La première est double :
Semblable à une lune reflétée dans l'eau
Ou fondée sur une philosophie erronée.
La vérité conventionnelle valide
Épouse les phénomènes qui surgissent et périssent

Et qui produisent du sens
Tant qu'on les expérimente
sans les examiner.

La vérité ultime est singulière,
La vérité conventionnelle est multiple…

Pleins de sollicitude, les moinillons me traitaient comme une malade, ce que j'étais sans doute : ils m'apportaient mon repas sur un plateau à heures fixes, je ne devais sous aucun prétexte sortir de ma chambre, même pas pour laver ma vaisselle. Je n'avais qu'une obsession : fuir.
Le dernier soir, j'entendis la cloche de la grotte de Tara en contrebas. Puis une sonnerie de téléphone au loin. Personne ne répondait. Et si c'était pour moi ? L'oppression devint insupportable. Je décidai de la regarder en face, comme un phénomène extérieur à ma propre personne.
Je vis alors le monde s'effacer autour de moi dans un brouillard noir, la dernière naufragée étant ma petite fille qui s'accrochait au bord du trou avant d'être à son tour gommée. J'observai ma propre mort, l'effacement de cette réalité dont je m'étais coupée depuis cinq jours.

Athisha peint sur une thangka tbétaine.

Étais-je en train de passer sur l'autre rive ? Les pleurs lentement lavèrent l'oppression. Les trompes du soir sonnèrent dehors. J'entendis des milliers d'oiseaux s'envoler dans la nuit qui tombait. J'étais encore de ce monde-là. Cela me rassura. Le lendemain, je vis ma sortie comme une libération. J'étais prise d'amour pour tous les êtres et les arbres que je croisais sur le chemin descendant vers la grotte miraculeuse où une Tara blanche aurait un jour jailli spontanément de la roche. La grosse dame hindoue qui nettoyait l'autel m'avait réservé une place devant un verre de thé au lait. Dans ses gestes brusques et lourds, au service des autres, elle me ramenait au bas monde qui me semblait soudain aérien. Je lui en étais infiniment reconnaissante.

Deuxième retraite, près de Borobudur

Le goût de la méditation ne me quitta plus. De retour à Java, j'allai trouver Bhante Pannyavaro, le vénérable du monastère de Mendut, près du temple de Borobudur, pour lui demander où faire une nouvelle retraite. J'habite à une trentaine de kilomètres au sud-est de cet immense mandala de pierre. La rivière qui coule derrière ma maison est une ramification d'un des deux torrents volcaniques qui désaltèrent Borobudur.
Et en bon voisin, Bhante Pannyavaro me guide depuis des années dans les pas d'Atisha. En 1981, il avait lui-même reçu une pincée des cendres d'Atisha des mains du vénérable Visuddhananda, chef du monastère bouddhiste Dhammarajika à Dhaka, au Bangladesh. Au fil des ans, de géographique notre voisinage était devenu karmique. Bhante Pannyavaro me suggéra une retraite de vipassana. Étrange coïncidence : un ami norvégien de passage chez moi venait justement de me parler de cette méthode de méditation qui avait sauvé son

fils condamné à dix ans de prison pour avoir franchi la frontière entre le Népal et l'Inde avec quelques grammes de hashich. Il avait été libéré pour bonne conduite après avoir passé cinq ans dans la prison centrale de Delhi… à méditer.

Au début des années 1990, Kiran Bedi, la directrice de cette gigantesque prison, avait invité Goenka, un grand maître indien originaire du Nyanmar, à conduire une méditation de dix jours auprès d'un millier de détenus portés volontaires. La plupart de ces prisonniers étaient en attente de leur jugement pour meurtres, vols à mains armées, viols, terrorisme ou trafic de drogue. Goenka leur avait parlé ainsi :
« Amis, vous êtes tous rassemblés ici pour vous libérer, vous libérer de tous les servages, de toutes les souffrances. Être enfermés dans une prison comme celle-ci est une terrible souffrance. Et être libéré de prison est une grande chance. Mais au-delà du confinement à l'intérieur de ces quatre murs, il y a une prison dans laquelle nous souffrons tous beaucoup. C'est la prison de nos négativités, de nos déraillements mentaux, qui ne cessent de nous dominer. Nous sommes devenus les esclaves de notre propre colère, haine, rancune, animosité, autant de souillures qui surgissent dans nos esprits, nous dominent, et font de nous leurs prisonniers… »

Comme pour nombre de détenus de la prison de Delhi, ma première retraite de vipassana provoqua en moi la stupeur. La voix profonde, caverneuse, ancienne de Goenka scandant en pali le Mahasatipatthana Sutta (le sûtra de l'établissement de la pleine conscience) me transporta au temps où Siddhârtha Gautama s'était assis sous l'arbre de la Bodhi en faisant le serment de ne plus en bouger jusqu'à ce qu'il atteigne l'Éveil.

Mais comment et sur quoi avait-il médité ? Il n'avait ni rosaire, ni encens, ni mantra, ni statue, ni autel. Le seul objet qu'il possédait était son corps. Il avait donc médité sur les seules sensations de son corps. En pali, *vipassana* signifie « vision pénétrante ». Au départ, l'observation de la respiration est un moyen d'apaiser la tempête des pensées. Puis rapidement le méditant est invité à descendre dans la structure même de la matière, celle de son corps, pour observer que cette matière n'est qu'un enchaînement ininterrompu de sensations agréables, désagréables ou neutres dont la nature est d'apparaître et de disparaître.

Rien n'est solide, tout est fluide et changeant pour peu qu'on ne réagisse pas à ces sensations, en voulant les chasser quand elles sont douloureuses, ou en voulant les retenir quand elles sont euphoriques. Aucune spéculation métaphysique ou dogmatique. On ne tire des enseignements que de ce qu'on a expérimenté physiquement. Très vite, mon dos devint le siège de douleurs insoupçonnables. D'un naturel sportif, j'avais l'impression d'être devenue un très grand vieillard dont la colonne vertébrale ne pouvait plus soutenir son corps. Je m'adossais à un mur pour soulager mon dos, mais c'était alors le mur qui accablait mon dos. Impossible de fuir la douleur. Il fallait l'observer sans s'identifier à elle. Je revis alors ma « délivrance », à savoir la naissance de ma fille, il y a vingt ans, dans les conditions assez précaires à l'époque d'un hôpital indonésien ! *(suite page 109)*

Le voyage vers

“ Avec attention, vigilance et pleine conscience,
Garde constamment les portes de tes sens.
Encore et toujours, trois fois jour et nuit,
Examine le flux de tes pensées.“

(Atisha - La Guirlande de joyaux des bodhisattvas)

Treize années après l'an mille, Atisha quitte Bodhgaya et Nalanda pour partir étudier auprès de Serlingpa. Quel enseignement fondamental, disparu alors des grands centres de dévotion et de savoir bouddhistes de l'Inde, va-t-il chercher sur la lointaine île de Sumatra ?
Atisha débarque donc sur cette île de Sumatra, où depuis quatre siècles les chroniqueurs chinois attestent de la grandeur de deux royaumes bouddhistes : Sriwijaya (région de l'actuelle ville de Palembang) et Moloyo (actuelle province de Jambi). L'alliance des fouilles archéologiques et des manuscrits chinois et tibétains laisse aujourd'hui penser que l'immense site de Muaro Jambi, s'étendant sur 1 500 hectares le long du fleuve Batanghari, serait le haut lieu de savoir où Atisha étudia pendant douze ans auprès de Serlingpa.

Ses 82 temples en briques rouges, dont seuls huit sont actuellement restaurés, seraient en fait autant de « facultés » reliées entre elles par un gigantesque réseau de canaux permettant de circuler au cœur d'une forêt dont plusieurs espèces d'arbres, importées d'Inde, ne poussent nulle part à Sumatra, sinon à Muaro Jambi. Quand aujourd'hui on foule le sous-bois couvert de débris de céramiques chinoises du VIIe ou IXe siècle, on se prend à rêver à cette première université « verte » au carrefour de l'Inde et de la Chine, ayant intégré sur son campus la forêt à la fois comme verger, bibliothèque, pharmacie vivante et havre de méditation.

Sumatra

L'entraînement de l'esprit

Atisha raconte :

« Dès que nous eûmes traversé le vaste océan, moi, Atisha, me rendis directement vers le reliquaire d'or construit jadis par un roi tibétain. C'est là que méditaient les six disciples de maître Serlingpa. Ce reliquaire était situé à l'ouest de la forêt de Sumatra, au sud des lotus joyeux, au nord des dangereux marécages, et à l'est du crocodile Kekeru. Je restai là quatorze jours, m'enquérant de la vie libératrice de maître Serlingpa. [...] Aux six méditants qui se prosternèrent devant moi et me questionnèrent, je répondis en me prosternant à mon tour devant eux :

"Je suis venu ici pour être en présence de maître Serlingpa ;

Je suis venu ici quérir l'essence de l'existence humaine." [...]

« Je vis alors des moines avancer de loin dans une procession, à la suite de leur maître. Ils étaient au nombre de cinq cent trente-cinq et possédaient l'allure pacifiée des arahats (ceux qui sont libérés des passions). [...]

« Le maître Serlingpa me donna alors une élucidation en quinze cessions de *L'Ornement des claires réalisations* – en sanskrit *Abhisamayalankara* – qui est un long commentaire ésotérique des sutras. Il aurait été révélé par Maitreya à Asanga, un maître indien du IVe siècle. »

C'est ce commentaire qui a servi de base à Atisha pour la rédaction d'un genre « littéraire » qui fit ensuite école au Tibet : le *lamrim*, « les étapes sur la voie », qui synthétise les points essentiels de tous les enseignements des sûtras dans un ordre progressif, comme une lampe à beurre éclairant dans la tempête de la vie le chemin vers l'éveil.

Ce sont les enseignements de Serlingpa sur l'esprit d'éveil, l'échange de soi contres les autres, qu'Atisha vint quérir sur la lointaine île de Sumatra et dont il fit ensuite le cœur de ses instructions : *lojong* ou « entraînement de l'esprit ». Cet entraînement, fait de joyeuse persévérance et d'un altruisme radical, conduit à une transformation profonde de l'esprit dont le mode de fonctionnement ordinaire centré sur soi bascule dans une perspective fondamentalement nouvelle, qui « offre la victoire aux autres ».

Né en 983 et mort en 1054, Atisha fut un abbé bouddhiste érudit et maître de méditation réputé, auteur de *La Lampe pour la voie de l'éveil*. Éduqué à Nalanda en Inde, il fit un long séjour à Sumatra en Indonésie (voir p. 106-107) et finit ses jours au Tibet où il contribua à réimplanter la doctrine du Bouddha.

La magie subtile des cendres

Toute la nuit s'était déroulée sous le signe de la magie. Une magie fluide qui creusait une spirale dans mon ventre puis s'épanchait dans le delta de mes reins. La douleur. Terrifiante quand elle me surprenait. Le désir irrépressible de tout laisser tomber, plier bagages, rentrer. Ces mouvements d'humeur sur lesquels j'avais toujours vécu et que je nommais aventure.
Mais où est l'aventure quand on sait le retour possible ? Cette nuit-là, pour la première fois, je connaissais l'exil dans l'onde noire de la douleur. D'heure en heure, j'apprenais à contempler cette douleur. Je l'observais se déployer, souveraine, puis se noyer dans les eaux tranquilles où nageait le bébé. Suivait alors la béatitude. Le sommeil. Une minute de ce sourire aux anges que je retrouverais plus tard sur le visage de ma fille. Puis la spirale s'enroulait à nouveau. J'étais yogi. Le temps d'une nuit.

Je fis ainsi plusieurs retraites de vipassana, jusqu'au jour où le feuilleton Atisha revint me visiter à Java en la personne de Tashila, le maître des cérémonies tantriques du Dalaï-Lama. Je m'attendais à rencontrer un moine drapé dans une panoplie de rituels compliqués et extravagants. Or Tashila ressemblait à Cœur Pur dans *Tintin au Tibet*. Simple, clair, direct, vif, il me demanda s'il pouvait voir les reliques. Je lui dis qu'il ne m'en restait plus que trois fois rien, que j'avais donné l'essentiel à Sa Sainteté dix ans plus tôt. Confuse, je descendis le reliquaire du haut de ma bibliothèque où je l'avais placé depuis plusieurs années, un peu comme une affaire classée. Atisha ne disait-il pas lui-même :

Le temps bientôt viendra où même notre nom
Ne sera plus présent dans le souvenir
de personne.
Il ne restera pas même une trace
Des cendres de nos os.

À la vue du trois fois rien qui restait au fond du reliquaire, Tashila, émerveillé, me demanda s'il pouvait en prendre un peu. Trop contente de faire le vide, j'acquiesçai. Il puisa ainsi un peu de rien dans le trois fois rien. Avant de reprendre sa route, il me dit : « Si tu as l'occasion, viens me voir à Dharamsala. »

Si les cendres d'Atisha avaient été pendant toutes ces années mon moteur de recherche, Tashila était venu en réactiver le lien. Elles se remirent à voyager, poussières de plus en plus infimes, confinant au moins que rien, et moi avec. Elles arrivèrent à nouveau à Dharamsala pour être bénies par le Dalai-Lama lors d'une puja de longue vie orchestrée de main de maître par Tashila, avant d'être exposées dans le temple de Shechen à Bodhgaya où le moine Changzoe Nodutla en emporta un peu dans son monastère au Bouthan.
Étonnant phénomène : plus les cendres s'amenuisaient, plus elles créaient du lien. Moins il en restait, plus elles occupaient du terrain. Plus je m'en délestais, plus elles m'éclairaient de leur vide. Du vide de toute chose dont elles étaient le signe le plus limpide et exemplaire, mais auquel j'étais restée aveugle pendant tant d'années. Je me tenais à présent au bord de ce grand vide où elles m'avaient conduite après tant de vagabondages.

Ce n'était pas un précipice noir, mais un champ vibratoire où la matière se fait lumière, comme les lucioles la nuit au-dessus des rizières dont la lueur, que vous croyez saisir, vous coule entre les doigts.
C'est alors que dans le renversement de la mousson à Java, le volcan Merapi entra en éruption. Le village du gardien spirituel du volcan, qui était mon père adoptif, fut soufflé par une nuée ardente. Des pluies de cendres obscurcirent le soleil et blanchirent les rizières. Ma maison fut bientôt elle aussi envahie par les cendres. C'est dans ce temps d'apocalypse et d'entraide prodigieuse, où la méditation passe à l'action, que je reçus un message de Bhante Pannyavaro : les cendres du volcan avaient rompu les grands arbres et bambous du monastère, il était parti avec tous les autres moines se réfugier sur la côte nord de Java.
Qui aurait cru, m'écrivait-il, que des particules aussi légères et volatiles que des cendres puissent être investies d'une telle puissance !

> *« Apprendre l'art de la méditation est le cadeau le plus précieux que vous puissiez vous faire dans votre vie. »*
>
> Sogyal Rinpoche

À LIRE

- *La Lampe pour la voie de l'éveil* – Atisha (Institut Guepele, 2008)
- *It's always possible* – Kiran Bedi (Sterling Paperbacks – New Delhi, 1998)
- *A Guide to the two Truths* – Atisha (Tibet House – New Delhi, 1983)
- *A Summary of the means for accomplishing the Mahayana Path* – Atisha (Tibet House – New Delhi, 1983).

Élisabeth D. Inandiak est une grande reporter basée en Asie. Ella a publié *Les Chants de l'île à dormir debout*, sur la grande épopée de Java (éd. du Relié et en poche aux éd. du Seuil).

Isabelle Sorente

La vie est un rêve lucide

Sait-on que l'on peut agir à l'intérieur même de ses rêves et cauchemars avec quelques exercices appropriés ?

JE REGARDE MES MAINS. C'EST LE SIGNAL, LE GESTE QUE JE RÉPÈTE PLUSIEURS FOIS DANS LA JOURNÉE, DÈS QUE J'EN AI L'OCCASION, ASSISE À MON BUREAU, AU MOMENT DE FERMER LA PORTE, AVANT DE ME COUCHER, JE REGARDE MES MAINS. CHAQUE FOIS, JE PENSE LA MÊME CHOSE : JE REGARDERAI MES MAINS, CETTE NUIT, DE LA MÊME FAÇON, QUAND JE SERAI EN TRAIN DE RÊVER.

Je regarde mes mains avec leurs veines apparentes, leurs ongles roses, elles sont comme d'habitude. Sauf le petit doigt de la main gauche qui semble plus long, avec son ongle d'un noir mordoré, comme l'élytre d'un insecte. Je suis donc en train de rêver. Je suis en train de rêver et je le sais. Mon pied tremble, tellement je suis fière de ma lucidité, je perds mes mains de vue : un peu plus, l'orgueil allait m'éveiller.
Il n'en faut pas beaucoup, en rêve, pour faire basculer le monde : une émotion de trop. La couleur de mon ongle a changé, le voilà vert, d'un vert profond de forêt tropicale. Ma lucidité commence à se stabiliser. Et si j'explorais la forêt amazonienne ? Je m'y enfonce déjà. En rêve, tout est possible. Il suffit d'y penser.

Le yoga du rêve

Dans la tradition bouddhiste, le yoga du rêve est une pratique qui prolonge dans le sommeil l'attention développée dans la journée grâce à la méditation[1]. Un processus plus naturel qu'on ne pourrait le croire : le jour, vous observez vos pensées, vos émotions, vos réactions. La nuit, l'observation se prolonge. Sauf que ce ne sont plus des pensées que vous voyez se former, mais des images.
Vous devenez le témoin de vos rêves. Bien des philosophes et des scientifiques ont confié avoir des rêves lucides, Nietzsche en était coutumier ; les trois rêves de Descartes (dont seul le dernier était lucide) dans la nuit du 10 au 11 novembre 1619 décidèrent de sa vocation ; quant au chimiste von Kekulé, il découvrit la structure cyclique du benzène alors qu'il était conscient de rêver, à côté d'un bon feu de cheminée. Le rêve lucide est une forme nocturne de concentration, d'autant plus fascinante qu'elle suppose un degré d'attention auquel nous sommes peu habitués. Nous en faisons tous l'expérience à la fin d'un cauchemar, à cette seconde où nous nous disons : je suis en train de rêver.

Que cette seconde se prolonge assez pour que nous en devenions témoins, sans que le rêve s'arrête : voilà le rêve lucide. Rien ne fait davantage l'effet d'ouvrir un troisième œil que de se retrouver conscient au milieu d'un songe.

Tout état de concentration préliminaire favorise la lucidité nocturne. Mes premiers rêves lucides datent de l'adolescence, ils sont associés à une intense période d'étude. À vrai dire, je serais prête à parier que tous les étudiants en font l'expérience, mais le contenu du rêve n'est pas toujours assez marquant pour qu'ils s'en souviennent. Recherche, travail sur soi, réflexion : toute activité qui nous entraîne à mobiliser notre attention nous entraîne aussi à devenir des rêveurs conscients. Mais peut-on aller plus loin ? Provoquer les rêves lucides, augmenter leur fréquence ?

À la suite d'une série de songes liée au travail d'écriture, je me suis demandé s'il n'y avait pas moyen d'approfondir l'exploration. Mon côté grand voyageur. Je ne me lasse pas de découvrir les territoires de l'esprit humain, non sans imprudence parfois. J'ai donc commencé à pratiquer ce que les maîtres tibétains appellent le yoga du rêve, grâce à un livre. La vie d'un chercheur spirituel du XXIe siècle a quelque chose de fou, quand on y pense : les grimoires et les livres alchimiques vous arrivent par la poste.

Me voici dans un jardin. Me voici devant la maison, au fond du jardin. Trop classique, la demeure. Je lui ajoute deux tours gothiques. Me voici devant la porte. Devant la magnifique serrure tarabiscotée, je me rends compte que je n'ai pas la clé. Où trouver une clé pareille ? Il est recommandé au pratiquant du yoga du rêve de se montrer inventif face aux obstacles.

Je me crée aussitôt un double que je baptise « le serrurier ». Pendant que le serrurier tente d'ouvrir la porte, je me dédouble à nouveau. Nous devenons quatre. Puis seize. Je continue à me multiplier, assez enivrée par ma capacité d'auto-génération. Soixante-quatre fois moi. Je me souviens du chiffre et du moment où tout dérape : l'un de mes soixante-quatre moi a un couteau à la main, il n'est apparu que pour accomplir sa mission, égorger les soixante-trois autres. Le rêve lucide s'achève en cauchemar qui me réveille en sursaut.

Une autre façon de connaître l'esprit

Il m'a fallu quelques expériences de ce genre pour redevenir humble. Le yoga du rêve n'est pas une pratique à entreprendre à la légère, encore moins une curiosité pour touriste de la psyché. À première vue, l'entraînement du rêveur peut sembler ludique,

il consiste à lui faire prendre conscience des possibilités infinies de son esprit : penser à se multiplier, recommandent les maîtres, grandir, rapetisser, voler, visiter des pays où on a toujours voulu se rendre, sont quelques-uns des exercices proposés.
Un entraînement digne d'Alice au pays des merveilles ou de Merlin l'enchanteur, oui, le rêveur conscient de rêver se sent doué de pouvoirs surnaturels, si ce n'est tout-puissant. Cette forme de conscience quasi performative qui caractérise le rêve lucide – il suffit d'imaginer pour que cela soit, – nous reconduit au mythe de la Genèse. L'instant où le rêve devient lucide a quelque chose d'effrayant, comme si l'esprit contemplait la naissance de son activité.

L'émerveillement, l'effroi toujours proche du cauchemar disent aussi le caractère sacré de l'expérience ; le rêveur conscient de rêver revit la lucidité de l'aube originelle, « que la lumière soit », surgissement de la première pensée, flash de la première image, écho du premier mot avant le surgissement du premier rêve.
Cette proximité de l'origine du monde explique la puissance de l'expérience, comme les deux émotions fortes susceptibles de l'interrompre : l'orgueil ou la terreur qui vous réveillent en sursaut.

Tant pis pour ceux qui se prennent pour Harry Potter. Le yoga du rêve ne se pratique pas pour acquérir un pouvoir, ni même un pouvoir de rêve. Dans toutes les traditions spirituelles, les pouvoirs magiques sont considérés comme des obstacles parce qu'ils détournent l'attention du chercheur. Le rêve lucide reste avant tout un entraînement à la réalité, il permet d'en comprendre la nature, mieux encore, de la pratiquer : tout est créé par l'esprit.
Nos désirs, nos peurs, nos limitations sont aussi nos créations : aimons-les comme telles. Le yoga du rêve préconise même d'utiliser ses cauchemars pour affronter ses peurs. Un démon te poursuit ? Demande-lui ce qu'il veut. Il veut te manger tout cru ? Transforme-toi en pierre ou en eau de pluie.
Au-delà du scénario agréable ou angoissant, un rêve lucide nous apprend que l'esprit est bien plus fertile, flexible, créateur que nous n'osons l'imaginer. Mais connaissons-nous vraiment notre propre esprit ? Quel passage traversons-nous juste après nous être endormis, avant que n'apparaisse la première image du premier rêve ? Qui sommes-nous dans cet entre-deux où n'existe ni notre moi réel ni notre moi de rêve ?

Les bouddhistes croient que la conscience traverse au moment de la mort une transition analogue[2]. La lucidité dans ces phases de passage entre la veille et le sommeil n'est rien moins qu'une épreuve initiatique : en apprivoisant chaque nuit l'apparition et la disparition du monde, le rêveur apprend à naître et à mourir.

La nature de l'expérience onirique

Alors que la planète est quadrillée par Google Earth, les rues criblées de caméras, le rêveur lucide serait-il la prochaine figure héroïque, l'explorateur de l'espace intérieur, symbole de l'équilibre entre forces rationnelles et imaginaires, si souvent perçues comme inconciliables ?
Le succès des films *Matrix* ou *Inception* témoigne d'un désir collectif de lucidité et de conscience, jusque dans les territoires oniriques, même si le personnage interprété par Leonardo di Caprio dans *Inception* est un rêveur à l'américaine, efficace, performant, capable de créer des villes, des vamps platinées et des bars lounge, comme de squatter les rêves des autres pour programmer la faillite d'une multinationale. Sans doute y a-t-il mieux à faire d'une conscience de rêve.

Parce qu'il questionne la nature de l'expérience onirique, le rêve lucide reflète comme un miroir l'ambivalence et les fluctuations de notre siècle technologique, où les supports matériels disparaissent comme des mirages, où l'espace est conquis à une vitesse qui étourdit notre principe de réalité. À quoi rêves-tu ?, fut la question du XXᵉ siècle, celle de la psychanalyse, des guerres mondiales et de la conquête de l'espace. Suis-je en train de rêver ?, voilà le nouveau paradigme. La question hypermoderne se pose comme un rêve lucide. Notre XXIᵉ siècle pourrait être celui que les premiers voyants rêvèrent éveillés.

1. Les pratiques du yoga du rêve sont exposées dans *Yogas tibétains du rêve et du sommeil*, de Tenzin Wangyal Rinpoché (éd. Claire Lumière, 2008).

2. Dans la tradition tibétaine, ce passage entre deux mondes est appelé Bardo. Lire à ce sujet *Le Livre tibétain de la vie et de la mort*, de Sogyal Rinpoché (éd. de la Table Ronde, 1993 et Pocket, 2013) ou *Dormir, rêver, mourir : Explorer la conscience avec le Dalaï-Lama*, du biologiste Francisco Varela (Nil Éditions, 1998).

Isabelle Sorente est écrivain,
dernier roman paru : *180 jours*
(éditions JC Lattès, 2013)
Elle a participé au Manifeste pour les animaux avec Franz-Olivier Giesbert, éditions Autrement, 2014.

Christine Kristof-Lardet

Une nuit dans la forêt

QUAND J'ENTRE DANS LA FORÊT, J'ENTRE DANS UN MONDE, ET PRESQUE MALGRÉ MOI, À LA LISIÈRE ENTRE LE CLAIR ET L'OBSCUR, JE M'INCLINE. MES GENOUX CÈDENT ET MA TÊTE SE COURBE.

Comme lorsque j'entre dans une église. Plus sûrement que dans une église. Je deviens silence… Je salue. Je ne peux aujourd'hui franchir l'orée du bois sans que quelque chose en moi se transforme à l'instant. Mes sens s'éveillent. La joie point. Je me surprends à sourire, à frémir. Enfin ! Je suis là. Je respire. Ma révérence consacre l'espace qui, en retour, s'ouvre et me reçoit. Mon esprit s'accorde à l'unisson et change de fréquence. Dehors, je suis comme sourde. Là, j'entends, je vois et je sens à nouveau tout ce qui tressaille autour de moi. La nuit, bien sûr, c'est encore plus fort. Il n'y a pas de tricherie possible. Je suis livrée à moi-même, sans autre alternative que de m'y réfugier. C'est alors que commence la véritable rencontre.

Pas à pas dans la forêt

Généralement, avant de passer la nuit dans la forêt, j'effectue un premier repérage à la lumière du jour, toutes antennes déployées pour « sentir » l'endroit et évaluer les risques ; non pas ceux de la nature, prévisibles et contournables, mais ceux d'éventuelles rencontres importunes. Dans nos forêts occidentales, le seul prédateur sur lequel s'exerce ma vigilance est l'homme, qui plus est celui muni d'un fusil. Mes sens, à l'affût du moindre craquement, du moindre brin de voix, de la moindre trace de passage… s'aiguisent.
Je redeviens animale, vive et instinctive. J'apprends à me cacher et à rendre ma présence de mammifère, de femelle, indétectable. Au moindre doute, je m'accroupis dans un fossé, je grimpe à un arbre ou me recouvre de feuilles mortes à me rendre invisible. Si je ne suis en confiance ni avec le lieu ni avec mes propres capacités – peur, hésitation, fatigue soudaine, je rebrousse chemin.

Si par contre tout me semble juste, à sa place, je me prépare pour la nuit et, tapie comme une renarde dans sa tanière, j'attends la venue de la pénombre protectrice.

Au cœur de la nuit

Les oiseaux ont chanté leur dernière mélodie, l'obscurité s'intensifie, l'air devient coupant et le silence plus dense. Comme derrière le rideau qui vient de tomber sur la scène, tout s'anime : les arbres s'étirent et changent de forme, les animaux sortent de leur cachette, le chevreuil ose une échappée dans la clairière, les sangliers labourent la terre à la recherche de nourriture, et moi je m'immisce plus avant dans les profondeurs. Je ne reconnais plus rien. Les distances, les reliefs, les sons… tout a changé. Dans l'immensité de la nuit, le moindre bruit prend une ampleur disproportionnée. Ce ne sont que froissements, craquements, souffles et frémissements.
Derrière moi, une branche cède. Je me retourne. À quelques mètres, un gros sanglier mâle me toise en grognant. Je n'ai pas toutes les clés : « Es-tu fâché ou juste curieux ? » Je respire largement et me mets en attente, si possible transparente et inodore. Ma bonne foi et mon camouflage grossier le laissent hésitant quelques instants. Son groin pointé vers moi, il a la grâce de faire semblant de m'ignorer et retourne fureter dans les feuilles.

Je n'ai pas de lampe, mon portable éteint au fond de mon sac n'est là qu'en cas de pépin, et pour tout bagage je n'ai qu'un piètre bâton qui me donne l'illusion du courage, des chaussures fermes, un duvet, de l'eau et quelques fruits secs pour le matin. Plus j'avance dans la forêt, plus je deviens légère, comme si je me libérais de quelques entraves et me nettoyais. J'entre progressivement en affinité avec ce qui m'environne et me constitue tout à la fois. Dans l'obscurité qui s'est refermée derrière moi et qui me protège, guidée par la lune, je finis par voir clair comme en plein jour.
Alors, seule au milieu de l'univers, je m'abandonne. Chaque parcelle de mon être entre en résonance avec une parcelle de la forêt, en de subtiles correspondances : l'étoile scintille dans ma tête, la feuille frémit dans mon dos, l'insecte tambourine dans ma cage thoracique, l'herbe sèche se froisse dans ma nuque, la souris rit dans mon cœur…

Je deviens forêt

C'est un réveil en cascade des sens, un feu d'artifice qui se propage de cellule en cellule. Mon cœur bat la chamade. Mes pieds se soulèvent, je m'élève, me mets à danser, à voler, à rebondir sur le tapis de feuilles mortes. C'est à ne plus y tenir. Je vis. J'aime. Je ris. Je pleure d'amour, de joie et de douleur. Vidée, mon émotion s'apaise

peu à peu et me dépose à terre, m'enracine. J'entre progressivement dans de nouvelles profondeurs, celles de mon intériorité. Et je reste là, sans bouger, à la fois intensément présente à l'instant et ouverte à tous les possibles. Dans cet état de reliance continue, je reprends le cours de mon exploration. Tel un animal, je cherche un endroit pour dormir. C'est tout un rituel. En quête, je trace des lignes invisibles d'un côté à l'autre de la clairière ou du fourré, je reviens sur mes pas, je tourne et tourne comme un chien dans son panier, jusqu'à ce que je sente que c'est là… et pas ailleurs.
Un tapis de mousse, les racines accueillantes d'un arbre, une alcôve sous des branchages ou un antre dans les rochers… Sous la voûte des branches et des étoiles entrecroisées, je suis chez moi et j'y suis infiniment bien. À même le sol, je me couvre de mon duvet, posant ma tête sur un coussin de feuilles ou sur la souche moussue d'un arbre, et là, en toute confiance dans les bras gigantesques du monde, je me laisse glisser dans le sommeil… et m'éveille.

En nature, je dors « éveillée », non seulement parce que mes sens s'exacerbent, mais aussi parce qu'à ce moment-là, je me sens pleinement moi-même, mon épiderme collé à l'épiderme de l'univers, ouverte à sa dimension. La frontière entre mon espace intérieur et l'extérieur s'évanouit, et je navigue à la bordure du monde, sur la fine crête entre rêve et réalité.

Ma nuit est peuplée de songes et de visiteurs : une troupe de marcassins qui cherchent des glands sous le chêne où je me suis installée, une chouette qui joue les effraies, un renard qui furète, quantité de bestioles qui s'ingénient à gratter le sol autour de ma tête et à me faire croire, par le bruit effroyable qu'elles font, qu'elles sont gigantesques.
Que dire de cette extraordinaire symphonie de la nuit quand tout vient à s'accorder ? Que dire quand, au milieu de la lune, dans la clairière de mon cœur, un grand cerf souffle sa brume blanche tel un drap de lumière ? Que dire du loup que je sens à mes côtés et qui, malgré la fascination que j'ai pour lui, réveille en moi les peurs de toutes les générations passées et me laisse exsangue ?

Il m'arrive d'avoir peur

Car bien sûr, il m'arrive aussi d'avoir peur, une peur qui vient de si loin qu'elle me semble venir du temps où j'étais singe ou quelque mammifère susceptible d'être dévoré par un carnassier. Une peur des entrailles sur laquelle le rationnel n'a aucune prise. Mes poils se dressent littéralement sur ma peau (je l'ai observé), mes tempes bourdonnent, je ne suis plus qu'un grand cœur qui bat, et mes terreurs enfantines en profitent pour s'exprimer. Ce que je vis alors est, me semble-t-il, le face-à-face intégral de l'humanité et du sauvage. Une seule issue : s'abandonner, se laisser faire, s'ouvrir au monde qui nous entoure et entrer en résonance avec lui comme si nous n'étions qu'un. C'est la forêt qui vient à ma rencontre, me parle, m'apaise et m'apprivoise. L'effroi dépassé, c'est une grande libération et une grande paix. Le sentiment d'avoir été nettoyée en profondeur.

Il me faut parfois plusieurs nuits d'affilée en forêt pour parvenir à faire sauter les verrous de mes résistances et à me retrouver en symbiose. Les premiers moments de retrouvailles, surtout après une longue absence, sont les plus difficiles, car ils portent en eux le souvenir de la perte, de la séparation d'avec la nature, mais aussi d'avec soi-même. Plus l'absence est longue, plus la cicatrisation est lente à se faire.
Heureusement, quelque chose se souvient – même si dans cette vie nous ne l'avons jamais vécu. En nous immergeant dans la nature, nous célébrons des retrouvailles, comme celles de l'enfant perdu et de sa mère, douloureuses mais réparatrices. Il n'est à mon sens pas d'exercice d'écologie et de réconciliation plus puissant, de communion plus intense, que cette immersion inconditionnelle dans le ventre de la nature.

L'appel de la forêt

Je vis l'expérience de la forêt comme une expérience « religieuse », au sens où elle me permet de me relier à la nature, à moi-même et à ce qui me dépasse. Plus que tout autre lieu de nature, la forêt est pour moi le lieu d'émergence privilégié du sacré et de la vie, une zone de contact avec la source et l'origine, un nœud condensé de sens où, à la jonction entre la lumière et la nuit, germe l'éternel.
Elle est aussi ce point de rencontre subtil entre le visible et l'invisible, entre le conscient et l'inconscient, entre les profondeurs du monde et mes propres profondeurs. En son cœur se croisent les sillons intemporels des grands mythes et ceux de nos rêves les plus intimes. En entrant dans la forêt, nous pénétrons, humanité tout entière, dans notre espace intérieur truffé d'ornières, de ronces, de bêtes sauvages et de sorcières, mais aussi de fées, de princesses et d'hommes au cœur pur.

Miroir de nos pulsions et de nos démons qui, sortis de leurs tourbières, se métamorphosent, la forêt est aussi un espace de transmutation, d'épuration… que je devine aujourd'hui salvateur. C'est le lieu où le sauvage peut encore s'exprimer, où le loup, l'ours et les autres animaux libres résistent à l'homme domestiqué qui tente vainement de les chasser hors de lui. Vainement, car nous avons oublié que l'ours, le loup et tous les êtres sauvages qui peuplent la terre nous constituent nous-mêmes, et que si, par malheur, ils venaient à disparaître, nous disparaîtrions également. La vie est infinie dans le potentiel qu'elle recèle et se manifeste en permanence au sein de la forêt pour qui sait la recevoir, l'honorer et l'aimer.
Tant qu'il restera quelque espace sauvage où vibre l'âme du monde et vit l'être libre, nous pourrons nous y abreuver et, par notre émerveillement et notre amour, le nourrir en retour.

Christine Kristof-Lardet est rédactrice en chef de la revue *Présence* et co-fondatrice du Réseau des Écosites sacrés. Elle a coordonné l'ouvrage collectif : *Écologie et spiritualité : la rencontre*, aux éditions Le Souffle d'Or, 2007.

Pétrir le monde

Jean-Philippe de Tonnac

au fond de soi

Le pétrin est un meuble en bois long comme un cercueil, en bois de hêtre. Le pain vient s'y coucher, y mourir, avant de subir de très tonitruantes résurrections.

L'OPÉRATION EST ARCHAÏQUE – PLUS ARCHAÏQUE TU MEURS –, ELLE A TRAVERSÉ LES MURS DU TEMPS, AUSSI VIEILLE QUE LE GRAIN QU'ON JETTE EN TERRE ET QUI DONNE BEAUCOUP DE FRUITS. UN PÉTRIN OÙ LA FARINE ET L'EAU SE RENCONTRENT, S'APPRIVOISENT, S'AMOURACHENT, SE NOCENT.

Un cercueil ou plutôt un lit nuptial, un nid d'amour, une promesse d'enfants criards et sages qui font se lever la pâte, la pâte fécondée qui s'enfle, la pâte enceinte. Le pain attrape tous ces registres puisqu'il emprunte à la transmutation et à la transsubstantiation. Quand on ne comprend plus ce que le mot religion peut vouloir dire, quand on s'imagine affranchi des joutes anciennes avec l'autre côté, l'invisible, l'innommable, les terreurs qu'ils ont inspirées, le pain redonne aussitôt le goût acidulé de l'au-delà. Quand Dieu ne se sent plus chez lui dans une église, une synagogue, une mosquée, il traîne encore dans le pain. Pain fermenté, pain azyme, pain de blé tendre ou de blé dur, pain d'épeautre, pain de seigle. Pain de Vie. Il est là.

Le pétrissage est toujours un travail en profondeur

Imaginons maintenant que nous disposions de ce pétrin de bois. Le hêtre sec est le seul bois conseillé, le bois qui a fait ses preuves au long des âges. L'hêtre et le néant et la Vie recommencée. Le cœur battant de la vie qui pulse au cœur de la pâte. Vous avez été convié à un stage dans un patelin à l'écart des terres habitées. Le maître des cérémonies boulangères est un boulanger dissident, un peu paysan, un peu meunier, beaucoup sorcier. Un boulanger ou une boulangère.

Vous avez pris votre automobile, la route, l'autoroute, vous vous êtes perdu, vous et votre GPS, plusieurs fois, comme si l'adresse que vous cherchiez n'avait été prise en compte sur aucune carte. Un chemin de terre après l'asphalte. Un resserrement d'arbres et de pénombre. Une maison avec une cheminée de laquelle s'exhale une fumée qui creuse le ciel blanc. Le havre est là qui vous accueille pour une session de haute lutte.
Le pétrissage est toujours un travail des profondeurs. Il faut chercher en soi les mains avec lesquelles on va accompagner le Grand Œuvre alchimique. Les muscles ne suffisent pas pour soulever la pâte. Par le détour d'une métaphore dont il est friand, Edward Espe Brown, le tenzo du Tassajara Zen Mountain Center (Carmel-by-the-Sea, Californie), le plus ancien monastère zen

sur le sol américain, explique qu'en travaillant la pâte on travaille soi et le monde. Pétrir, dans son langage, c'est se pétrir et pétrir le monde : « *Made bread for the first time, enjoyed it, felt the mysterious way in which the simple activity of breadmaking was a fulfilling act of mutual creation, a profound expression of caring, of nurturing oneself and others*[1]. » Publié en 1970, son désormais classique *Tassajara Bread Book*, livre de philosophie panaire et de recettes boulangères, est resté et reste le livre de chevet d'une génération de boulangers américains. La France ne l'a pas traduit.

Nous sommes le levain et le pain

Une « expérience déterminante », à la condition que vous *checkiez* attentivement vos ingrédients ou qu'on l'ait fait pour vous – mais personne ne peut, en réalité, *checker* pour vous si, par ingrédients, on entend ici non seulement le *sourcing*, à savoir la ou les farines, l'eau, le sel, le levain, l'air ambiant mais aussi, plus important peut-être, la qualité de celui ou de celle qui va pétrir, son état d'âme, son état de santé intérieure, sa réelle *attention*.

Faire le pain commence par ce simple travail d'inventaire : que vais-je / qui vais-je pétrir ? Commencez votre enquête par la farine. Demandez à votre hôte sa provenance. De quelle manière les grains dont elle procède ont été écrasés ? Vous auriez beau avoir la main jaune, la main couleur des blés, si votre farine ne procédait pas d'un grain sain, lui-même issu d'un épi élevé sans pesticide ou insecticide, votre pain n'aurait pas de qualité nutritive.
Il aurait la forme du pain, l'apparence du pain, mais pas son essence nourricière. Un leurre de pain. Or vous n'avez pas fait toute cette route, vous et votre GPS, pour produire un artifice de pain, ce pain dont on se sert pour pousser dans l'assiette et puis qu'on abandonne, et même pas aux chiens.

Exigez de connaître le nom du paysan qui a produit ce froment, cet épeautre, cet engrain, ce seigle, cet amidonnier, ce kamut. L'hôte qui vous accueille, votre maître de stage, a dû se rencarder. Une façon aimable de tester sa compétence. Le maître de stage travaille avec un meunier. Le meunier avec un paysan. Ces trois doivent communiquer. C'est ce qu'on appelle un « circuit court ». Le pain vient de la terre, sinon il vient des malversations des hommes. Le rejet que certains organismes font du gluten, cette substance responsable de l'élasticité des pâtes et qui procède des protéines contenues dans le grain, est un rejet de la tromperie dont le pain est l'objet, pas du pain. C'est la vie en nous qui se cabre contre les artifices. Le mensonge.

Sachez ce que vous pétrissez. Plongez les mains dans la farine. Évaluez son grain entre vos doigts, sa couleur, sa flaveur (en bouche, en nez). Nommez-la : engrain, épeautre. Vous avez fait le plus précieux du chemin. Poursuivez par l'eau qui sera filtrée, la qualité du levain, dur ou liquide, que l'hôte aura confectionné. S'agit-il de la même ou des mêmes farines que celles que vous allez mettre en œuvre tout de suite ? A-t-il ajouté quelque chose à la préparation de son levain ? Du miel ? Des fruits ? L'âge du Chef, comme on désigne le levain ? Les levains sont « rafraîchis »,nourris par l'apport régulier de farine et d'eau.

On les maintient ainsi en vie des mois ou des années. Le père boulanger fait don de son levain à son fils. Quand un boulanger part enseigner l'art boulanger vers un autre pays, qu'il va ensemencer une autre culture, il prend l'avion avec son levain. Jamais sans mon levain. Poser la question de l'âge du Chef, c'est entrer dans le temps profond du levain. On dit le « Chef » pour désigner le levain, mais on peut dire aussi la « Mère ». Un Chef ou une Mère. Choisissez votre figure totémique.
Un sel de Guérande, un sel non raffiné, prenez. L'air de la montagne, des grands espaces, des vallées profondes, sans activité industrielle à la ronde. Prenez aussi. Votre haleine. Tout fait corps. Dès que vous entrez en contact avec la farine, la pâte, vous êtes le pain.

Un corps à corps avec l'élément fondateur

L'hôte présente le pétrin. La maie. Son autre nom. Un coffre de bois d'un âge certain que les pétrissées successives ont réinventé, maquillé, poudré. Il explique qu'il le tenait de son père qui lui-même en avait hérité du sien. L'idée de la transmission paraît lui être chère. Le pétrin, le levain, l'art boulanger. Vous vous êtes mis en tenue, avez retroussé vos manches, le plus haut possible, vous êtes rapproché du meuble posé sur ses pieds.

Vous êtes désigné pour conduire ce premier pétrissage quand les autres élèves se partageront la tâche de façonner et de cuire. Le lendemain, précise l'hôte, les rôles seront inversés de manière à ce que chacun intervienne à toutes les étapes de la panification.

Quatre fournées, l'une d'épeautre, celle qui vous incombe, l'autre de froment T80 et de seigle T110[2]. Les dernières de kamut et de blé T150. Vous voilà aux responsabilités boulangères, impatient de voir s'arrondir le monde. Un sac d'épeautre dans le pétrin versé – l'hôte s'en est chargé –, la farine s'échappe en nuage. Vous reculez.
Un rai de lumière traverse l'écran de fumée. Les particules retombent, l'eau vient qui noie progressivement toutes les terres farinées. L'hôte qui vient de verser le contenu d'un sceau de magma liquide dans le pétrin, sans doute le levain d' épeautre, précise que l'eau, même si elle donne l'impression de tout engloutir, est moindre que la farine, en proportion, mais que les pains seront à ranger dans la catégorie des pains bien hydratés, que la tâche de pétrir sera par conséquent délicate, mais qu'il restera jusqu'au bout en renfort, que l'expérience pourra prendre un peu de temps, mais pas trop si le pétrissage est bien mené. Aux autres de se rassembler autour du berceau de bois et de prendre des notes. Vous avez été désigné par le sort. Vos mains s'avancent, pionnières.

Entrer dans la pâte primordiale

Une sensation de tremper les doigts dans la soupe primordiale. La farine en grumeaux, plus ou moins gros, glaciers, icebergs, flotte à la surface de l'océan venu prendre possession des lieux. Au commencement étaient les eaux premières. Disparues dans les profondeurs, les mains nagent dans le magma, attentives dans leur exploration, encore craintives. Des remous se forment, des tourbillons. Les mottes se cassent, les ambassadeurs s'élancent, des molécules d'amidon, des H_2O, des pourparlers, des partenariats, les liens invisibles, la pâte s'invente à travers ces gigantesques et souterraines négociations. Parce qu'elles créent une agitation soutenue, les mains favorisent ces rapprochements, les précipitent.

Si elles nagent en mesure, si elles ne négligent aucun recoin du pétrin ou du bassin, elles peuvent finir par donner l'impression que c'est elles qui conduisent une opération de transmutation intime au cœur de la matière – quand elles ne font que servir le Mystère : une mixture informe qui prend soudain consistance et corps, un corps souple, élastique, résistant, apte à piéger tout à l'heure le gaz carbonique et faire gonfler la pâte. Dans le pétrin, les gestes épousent ces mues. Il ne s'agit plus de remuer mais d'un début de pétrissage, de ramener la pâte sur elle-même, comme on replie un linge, de donner un rabat ou un tour, comme le précise le maître de stage qui a suivi les opérations jusque-là sans broncher.

> C'est ce que je fais qui m'apprend ce que je cherche.
>
> Pierre Soulages

Le silence épais, emprisonnant, s'est fait, ponctué par les clapotements, les « ploufs » quand vos mains sortaient de la soupe pour y replonger, les meuglements de celle-ci précipitée contre les parois du pétrin. Vous êtes, depuis quelques minutes maintenant, penché sur le coffre, les avant-bras caparaçonnés dans la pâte venue éclabousser même votre visage. Des fragrances laiteuses montent par vos narines jusqu'au ciel, votre vue est saturée de ces teintes crème, bisque, sable, opaline auxquelles le hêtre donne un cadre et enferme. Un bac de sable au milieu d'un jardin d'enfants. De votre front tombent des gouttes que personne ne vous aide à retenir, à détourner du magma qui, glouton, les absorbe. Aux eaux premières la sueur se mêle.

Occasion de rappeler qu'au temps où la pâte était exclusivement pétrie à la main, à force d'homme, de femme, la sueur des pétrisseurs venait en abondance agrémenter la recette ancestrale et participer d'une eucharistie sauvage. Manger le corps du Christ mais aussi, d'abord, à coup sûr, celui du boulanger, de la boulangère. Vous êtes le pain. À partir de ce moment où vos sangs se sont mélangés, il y a transfert d'être entre le pain et vous. Vous êtes le pain. Vous êtes allongé dans ce cercueil comme Lazare, à guetter votre résurrection, et c'est l'homme-pain qui pose les mains sur vous et les enfonce, profondément, et vous remue les tripes, les chairs, vous convoque, un rappel à l'ordre du présent de pétrir. Je pétris donc je suis. Je pétris donc je vis.

… et disparaître dans l'universel

Dans le pétrin vous avez fini par tomber, voilà. Votre corps a fait un bruit de parpaing qu'on jette à la mer. Vous avez disparu en mer. Le chef de stage signalera votre disparition aux autorités compétentes. Les navettes se mettront à votre recherche. Les hélicos. Raffut garanti au-dessus des opérations fermentaires. Vous avez mis la main, puis le bras et tout votre être y est passé, avalé.

Les aspirants boulangers qui participent à la session s'inquiètent moins pour vous que pour leur pomme car demain, dès potron-minet – votre hôte a parlé d'un lever à quatre heures ! –, leur tour viendra de mettre le doigt dans l'engrenage boulanger. En attendant qu'on vous retrouve, vous savourez ce moment très singulier dans votre vie d'avoir épousé cette altérité laiteuse et souple, de vous être transformé en ce grand corps gélatineux de mollusque tapi au fond du pétrin. Profit inavouable de l'expérience, vous avez coupé court avec vos remugles intérieurs, débranché, le pétrissage vous a requis corps et âme, vous avez décroché de tout pour n'être plus que deux mains, deux bras brassant, soulevant le poids du monde, lui imprimant une marque d'amour particulière. Si l'âme existe. Quand l'hôte donne le signal d'abandonner le corps à corps, de reprendre son souffle, vous vous redressez. Le décor réapparaît, les visages.

Une salle sombre dans une maison recluse dans un arrière-pays de Bretagne ou de Silésie. Un projet de stage cristallisé autour du mot « levain ». Peut-être vous a-t-on retrouvé, mais rien n'est moins sûr. Quelques heures à reprendre vos esprits durant lesquels la fermentation aura donné naissance à des milliards de micro-organismes, levures sauvages et bactéries, responsables des métamorphoses tonitruantes de la pâte.

Viendra le moment de prélever sur la masse dilatée des portions de pâte, de les façonner pour en tapisser des bannetons qui imprimeront leur marque aux pains sortis du four. Un four à bois que votre hôte aura eu la bonté d'allumer avant que vous ne débarquiez chez lui, ne fassiez la connaissance de vos camarades pétrisseurs et que ne débute l'expérience boulangère dont vous n'êtes pas revenu.
Dans l'automobile qui retourne sur ses pas, vous ouvrez tout d'un coup, comme on ouvre une noix, l'expression « mettre la main à la pâte ». Cette main qui symbolise en la matière l'extrême pointe d'une attention que la pâte en ses mues a requise tout entière. Si bien que ce ne sont plus des lambeaux de pâtes accrochés à vos doigts, dans les plis de la peau, sous vos ongles, mais des raclures, vestiges d'une confrontation, une guerre sainte, avec des doigts restés empêtrés à elles. Un continuum de la farine à la chair. Un compagnonnage.

« *Le corps est l'atelier de l'âme où l'esprit vient faire ses gammes.* »

Hildegarde de Bingen

1. Edward Espe Brown, *The Tassajara Bread Book*, Shambhala, 1970.

2. Les farines sont classées par type correspondant à la présence plus ou moins grande d'enveloppes (partie externe du grain appelées aussi « son »), riches en matières minérales.
Une farine T150 contiendra davantage de matières minérales qu'une farine T65 (1,50 % contre 0,62 à 1,00 %).

Jean-Philippe de Tonnac est éditeur, écrivain et enseignant à l'Institut des hautes études du goût à Reims.
En 2007, il a passé un CAP de boulanger, puis dirigé le *Dictionnaire universel du pain* (Bouquins Laffont, 2010) et un magnifique livre illustré avec Anne Le Cozannet-Renan *L'Ami intime. Un musée imaginaire du pain* (Flammarion, 2014).

Daniel Odier

Une sexualité de la présence

La méditation ouvre les portes de la perception : elle s'applique donc parfaitement à l'exercice de la sexualité.

Qui n'a pas rêvé d'une sexualité qui échapperait au champ névrotique et à son cortège de souffrances : possessivité, jalousie, ressentiment, haine parfois.

Toute personne qui a pratiqué la méditation peut entrevoir des portes qui conduisent à l'espace au cœur même de la passion amoureuse, pour autant que l'extinction des passions ne figure pas au programme moral de l'approche choisie. Très souvent, les limites dans l'expérience humaine sont acceptées, car nous croyons qu'elles nous conduiront à la liberté. Parfois aussi, le programme moral remplace l'élan vers la liberté.

La méditation n'est pas une action, c'est un état qui peut survenir pendant l'assise ou à tout autre moment. Elle se traduit par un silence mental, une impression de liberté et d'espace, la disparition du discours intérieur. Lorsqu'elle nous touche, si nous sommes vivants et passionnés, le désir de la voir habiter toute notre vie nous pousse à continuer. Après quelques années d'assise, nous allons faire l'expérience de l'état méditatif dans l'action, et cela se traduit par la présence mentale, émotionnelle et sensorielle au monde, ces trois aspects n'en forment alors plus qu'un.

La beauté de cette présence est qu'elle n'exclut rien. Aucun lieu, aucune situation ne nous semble désormais contraire à la méditation, et c'est là que nous vient l'idée que nous pourrions aussi exercer cette présence dans la sexualité, afin qu'elle devienne ouverte et fluide, qu'elle participe activement à notre tranquillité intérieure au lieu de la perturber. Pour parvenir à cet état, il y a une étape capitale qui consiste à élargir le champ sensoriel à l'ensemble de l'expérience humaine.

Comment avoir une sexualité riche et méditative si notre sensorialité ne se déploie que dans le champ du sexe ?

C'est là qu'intervient la présence au monde comme facteur déclenchant de l'extase. Les sens s'ouvrent, perçoivent de plus en plus. Le système des certitudes, la pensée dogmatique fondent. Nous sommes prêts à jouir de la beauté du monde. L'aspect du ciel, un visage, un son, le glissement de la lumière sur un mur, le goût d'une framboise nous transportent dans la joie. Cette intensité

de vie nous fait vibrer. Nous comprenons que l'état méditatif est communication profonde avec le monde qui nous entoure. Le corps s'ouvre, la pensée s'apaise et cesse de diriger chacune de nos actions. Nous retrouvons notre corps, nous sommes émerveillés par sa capacité instantanée d'opérer des choix sans avoir recours au mental. Nous nous autorisons à vivre pleinement.

Élargir notre vie sensorielle

À partir de cet instant, notre vie sensorielle n'est plus dirigée vers un seul objet, mais elle s'élargit comme un éventail ouvert. Toutes les couleurs du monde viennent se manifester dans notre spectre, nous faisons l'expérience non dissociée du monde. La première sensation qui nous vient avec cette unité est celle d'être amoureux sans avoir précisément la nécessité de diriger cet amour vers un seul objet. Je pense parfois que nous retournons la partie ouverte de l'éventail vers notre cœur et dirigeons la partie fermée vers l'être aimé alors qu'il s'agit de le retourner pour jouir du spectre le plus large dirigé vers le monde. Si nous ressentons cette unité, le contact sensoriel avec un autre être humain sera totalement bouleversé. Nous serons vraiment capables de toucher, de regarder, de sentir, de respirer avec une attention à la fois légère et profonde. Nous serons complètement dans l'échange, au point de perdre la notion de « faire ». Il n'y a plus d'acteur, un juste courant érotique qui traverse les êtres et les porte à l'extase. À ce point, sexualité et méditation ne font plus qu'un, et cette éclosion bouleverse toutes les conventions, toutes les habitudes. Elle devient pure créativité !

Daniel Odier, écrivain, né en 1945, est spécialiste du tantra et du shivaïsme cachemirien. À lire : *Tantra Yoga*, éd. du Relié (poche), 2000 et *Les Portes de la joie*, Pocket 2014.

Le théâtre comme méditation

FRAPPÉ, AU FESTIVAL D'AVIGNON, PAR L'ÉTONNANTE QUALITÉ D'ÉCOUTE D'UN PUBLIC ASSEZ JEUNE FACE À LA PIÈCE *ORLANDO OU L'IMPATIENCE*, NOUS AVONS RENCONTRÉ SON AUTEUR.

Dans une interview vous disiez : « Le spectateur de théâtre est un être engagé. Il prend le risque de se confronter à son intériorité… Le théâtre est là pour défendre la vie intérieure. » Nous savons que le théâtre est une forme de cérémonie, que cela crée une catharsis, une transformation intime et que, comme toute œuvre d'art, c'est un miroir qui nous est tendu. Pourrait-on alors dire qu'aller au théâtre est une forme de méditation ?

Olivier Py : Ce sont des choses que l'on ne pouvait pas exprimer facilement il y a une vingtaine d'années. La définition politique du théâtre avait une suprématie totale sur les autres définitions. Je parle encore souvent de cette fonction politique qui touche la vie des gens dans la cité. Et pour contrebalancer ce discours, je prétends aussi que le théâtre est l'un des alliés de la vie intérieure. Cela ne s'oppose pas du tout. On passe constamment de la vie des gens ensemble, donc du rapport à l'Autre, au rapport à Soi, à l'intériorité. C'est la réunion de toutes ces personnes dans le silence qui permet une qualité d'intériorité différente. Certainement pas supérieure à d'autres activités humaines, comme la psychanalyse ou la prière, mais d'une autre qualité.

Cette question est d'autant plus importante que je crois la vie intérieure en danger aujourd'hui, et qu'il faudrait créer une sorte d'écologie de l'intériorité : j'en parle dans mon roman *Excelsior*, où le personnage, qui est seul, redécouvre cet univers qu'il a en lui et qui paraissait fermé. Fermé pourquoi, fermé comment ?

La définition de Léonard de Vinci sur la peinture comme *cosa mentale* colle parfaitement au théâtre : le théâtre n'est pas que journalistique et politique, il déploie sur le plateau un imaginaire qui se reflète en nous et nous amène à creuser en nous-mêmes. Revenir alors à la présence de soi qui surplombe la technicité et s'ouvre sur une subtile recherche intérieure révélant peu à peu l'essence même de notre être.

Le grand homme de théâtre que fut Jean-Louis Barrault disait : « Le théâtre est l'art de l'homme et de son double... Vivre et se voir vivre : au même instant l'être humain est action et représentation, acteur et spectateur. » Cela me frappe, car c'est une des définitions de la méditation que de devenir spectateur de son propre jeu mental : le grand ego qui cherche la pacification, le calme, regarde le petit ego agité, préoccupé, mesquin...

O. P. : Lacan disait la même chose en parlant du Grand Autre et du Petit A. Encore faut-il que nous ayons conscience du Grand Autre pour le découvrir en nous et ne pas rester confiné au petit ego, au petit moi, et tout simplement au moi.

Le théâtre arrive-t-il à opérer cela ? C'est un mystère difficile à formuler, car justement le spectateur du théâtre n'y arrive pas seul. Si la catharsis existe entre l'intériorité du spectateur et celle des personnages sur le plateau, elle est conditionnée par le fait que le public se construit comme un inconscient collectif.
La qualité du silence de la salle est en cela très importante. Les spectateurs réunis forment une sorte de cathédrale de silence, fragile elle est comme un château de cartes, mais respectée par tous les protagonistes du public.

Dans un monde de moins en moins silencieux, cette présence du silence vécu se révèle exceptionnelle pour les générations d'aujourd'hui, et si rare qu'elle forme une expérience qui les rapproche en effet de la méditation, de la prière, de l'aventure intérieure...

En conclusion de *Orlando ou l'impatience*, vous faites dire à un personnage : « Notre désert n'est pas celui des dunes ensoleillées, notre vacuité n'est pas le ventre des violons et ce vide, ce néant, cette absence ne se reconnaît pas elle-même et est bientôt encombrée de choses inutiles. Si bien que la splendeur des falaises ou l'extravagance des abysses ne nous ressemble pas et nous sommes bien plutôt un vide entouré de murs et un espace saturé de meubles cassés. » En fait, ce vide dont nous avons peur serait-il en fait l'univers métaphysique que nous avons en nous et que nous ne savons pas apprivoiser ?

O. P. : Dans une métaphysique qui soit incarnée. Le théâtre n'est pas une religion, il est là, il reflète la vie, mais devrait nous permettre de sortir du devoir d'exister.
La catharsis aujourd'hui est considérée comme une simple identification : « Ah, moi aussi j'ai vécu ça... ce personnage me ressemble... », alors que la catharsis proprement théâtrale n'appartient pas à ce registre ; elle devrait conduire à une perte d'identité, dans laquelle on trouve le plus vivant, c'est-à-dire l'oubli de soi, lors d'une traversée des apparences et de la mort.
Un oubli de soi qui peut et doit être voluptueux, voire lumineux...

C'est aussi là une des définitions orientales de la méditation ! Le théâtre comme une façon de se métamorphoser soi-même.

O. P. : Oui, une façon de retrouver sa vie intérieure. Et c'est d'autant plus important que dans notre monde catastrophiste, on vit une sorte de désarroi, le désespoir lui-même n'a pas de goût, les gens ne trouvent plus de sens à rien. Ce n'est pas ainsi que les générations montantes vont trouver des fictions constituantes !
Et donc je rappelle sans cesse qu'il y a une chose qui n'est pas perdue et qu'on ne peut pas perdre, c'est notre capacité à explorer notre intériorité. Cherchez en vous-même. Vivez l'instant et le présent. L'aspect philosophique du théâtre qui va nous apprendre à vivre. Et à aimer le temps.
L'individu doit cesser d'être écrasé par la responsabilité de ce qui se passe dans le monde et apprendre à vivre à la fois seul et avec les autres mais dans une énergie libérée… que l'on peut transporter en dehors des murs du théâtre. Le théatre n'est pas une fuite.

Il y a une piste à explorer en ce qui concerne l'exercice spirituel du spectateur. L'idée d'une catharsis qui purge les passions, je ne l'ai jamais défendue ; il serait dommage d'infliger une purge à la passion (*éclats de rire*).
Au contraire, le théâtre veut réveiller la passion que l'on peut avoir pour le vivant et pour sa propre histoire ! Mais peut-être faut-il se purger de choses qui empêchent que la passion se tourne vers la joie, se dépolluer de l'envie et de la culpabilité.
Le spectateur qui se trouve devant une scène dans un théâtre, en silence, a tout : la vie est devant lui, la création, le ciel et les étoiles sont recréés pour lui.
Le théâtre a dû exister dès qu'une culture s'est mise en place. D'ailleurs, la nature elle-même construit sa propre représentation et produit de la vie avec du spectacle : les fleurs et les parades amoureuses sont une forme de théâtre que la nature se donne pour créer du sexuel et du fécond. Nous n'en sommes pas loin dans cette machine beaucoup plus compliquée qu'est l'être humain dans l'histoire.

Vous avez dit : « La prière m'est nécessaire, j'aime ces temps de silence à genoux »…

O. P. : C'est pour cela que je n'emploie pas le mot « méditation » dans ma grammaire : pour moi, il est synonyme de prière. Je n'impose cela à personne ! On ne connaît Dieu qu'à la mesure de son idée et de son être. Je peux me passer de théâtre, pas de prière. C'est comme un abandon qui m'ouvre sur plus grand. Comme vous le savez, j'ai failli être moine : quand on est jeune on rêve d'une vie parfaite. Mais ce besoin de savoir s'unifier, de se réunir, ne m'a pas quitté dans la vie imparfaite que je mène aujourd'hui !

Propos recueillis par Marc de Smedt

Olivier Py, né en 1965, dramaturge, réalisateur et comédien, est actuellement le directeur du festival d'Avignon. Dans une œuvre foisonnante, citons sa dernière pièce de théâtre *Orlando ou l'impatience* et un roman *Excelsior*, tous deux parus chez Actes Sud.

Aristophane déjà…

Serge Valletti est l'un de nos grands écrivains de théâtre. Gilles Costaz l'a défini dans *Politis* comme « une sorte de Beckett marseillais traquant le mystère humain non par économie du langage mais par l'expression de la palabre ».

Serge Valletti s'est attaqué en plusieurs volumes[1] à une adaptation moderne de tout le théâtre d'Aristophane écrit et déclamé au ve siècle avant notre ère. Dans celle de la pièce *Les Nuées*, écrite en – 423 et qu'il a rebaptisée vingt-cinq siècles plus tard *Idées fumantes*, notre co-auteur met donc en scène Strepsiadès (Monsieur Latoupie) venu voir Socrate afin de résoudre un problème financier délicat.
Voici ce que lui conseille le philosophe :

Socrate : – Mets-toi en position de méditation

Monsieur Latoupie : – Mais pour quoi faire, monsieur Scratos ?

Socrate : – C'est toi qui le demandes ? Si tu es venu ici, c'est bien que tu cherchais quelque chose, non ? Alors que cherchais-tu ?

Monsieur Latoupie : – Mais je vous l'ai dit cent fois. Je cherchais un moyen d'arriver à ne pas payer l'argent que je dois, c'est tout.

Socrate : – Très bien. C'est à ça que la méditation sert.

Monsieur Latoupie : – Et comment ?

Socrate, *prenant une voix lente, calme et grave :* – Mets-toi dans la position qu'on t'a apprise et laisse aller ton esprit. Examine en toi les idées qui passent. Inspecte-les bien une à une…

Monsieur Latoupie : – Oh là là ! Je vois passer que des emmerdements.

Socrate : – Bravo ! C'est ça. Dès que tu vois en toi une idée qui te dérange, laisse-la passer tranquillement comme un nuage au milieu d'un ciel bleu...
Long silence.

Précisons que dans la pièce initiale, Aristophane lui-même fait dire à Socrate : « Médite… N'enroule pas toujours ta pensée autour de toi ; mais lâche tes idées dans l'air, donne-leur l'essor, comme un hanneton qu'un fil retient par la patte. » Une belle définition, non ?

1. *Toutaristophane*, aux éd. L'Atalante, 5 vol.

La méditation du soir

Voici un texte inédit d'un philosophe novateur trop tôt disparu, qui nous ouvre à l'immensité de l'acte de méditer

Je vous propose de vous asseoir chaque soir vingt minutes et de ne rien faire, de laisser venir ce qui vient, de tirer la leçon de ce moment-là, parce que ce qui vient n'est pas le fruit du hasard. En général, lorsque nous pratiquons une technique de méditation, nous venons plaquer sur ce qui se passe en nous un exercice particulier destiné à amener le silence, la paix intérieure ou un état de recueillement.

C'est une *conciergerie intérieure* qui se met alors en route en nous, et tout ce qui n'a pas été accompli, tout ce qui a été avorté, tout ce qui a été interrompu défile. Nous assistons à tous nos manquements et regrets. Il faut supporter pendant vingt minutes ce spectacle auquel nous sommes obligés d'assister et dont nous ne pouvons arrêter le projecteur, c'est le prix à payer. Mais si nous nous obligeons à regarder simplement ce qu'est notre vie pendant ces vingt minutes, alors nous allons regarder ce que nous en faisons et nous allons vivre une méditation intéressante, parce qu'elle va nous confronter à la *relation consciente*.
Quand, au bout de vingt minutes, vous avez vu le résultat des relations non abouties, évitées ou interrompues, cela peut vous déterminer à être le lendemain un peu plus présent en vous donnant la possibilité de faire aboutir quelque chose et de vous engager vraiment dans un processus de transformation.

Au fur et à mesure que nous allons vivre des relations conscientes, nous allons nous apercevoir que la conciergerie intime s'avère de moins en moins encombrée. La méditation du soir aura moins de ragots à raconter, parce que de plus en plus de choses s'accompliront jusqu'au bout et nous toucherons en nous des mécanismes fondamentaux et centraux.

Lorsque sur des mois, des années de vécu de *relations conscientes* ainsi méditées, ce moment-là arrive à devenir un moment de silence, alors que la nuit nous nous allongerons pour nous reposer, nous nous endormirons du sommeil du juste parce qu'il n'y aura quasiment pas eu de résidus du reste de la journée.

L'obligation de conscience

Dans ce processus de méditation apparait la transformation progressive de notre humanité, et tout particulièrement de cette étape qui correspond à l'apparition dans notre quotidien d'une discipline, qui n'est issue ni des manques ni de la peur, mais d'une obéissance à une règle qui est celle que l'on appelle la Loi, la Torah, la volonté du Père, le Dharma.

Elle marque ce que j'ai appelé l'*obligation de conscience*. Cette vie-là devient en accord avec ce que Monsieur Gurdjieff appelait le *saint devoir*. Lorsque nous visons cela, et ne vivons plus selon la règle des manques et des angoisses, nous voyons effectivement la différence entre une règle établie par la peur et une règle qui jaillit de la conscience de l'éternité. En nous éveillant à une telle ligne de conduite qui peut gérer la relation consciente et éveiller la ferveur dans le cœur de l'humain, nous ne pouvons plus nous contenter de mélodies spirituelles romantiques et sentimentales car nous nous éveillons à une responsabilité. Nos relations sont alors de plus en plus conduites à terme. Nous évitons moins, nous osons plus, je dirais que nous aimons. L'autre est devenu un prochain.

Lorsqu'il y a la place pour l'émergence de la beauté, pour la ferveur, lorsque le cœur est lui aussi moins habité par la rancœur, l'envie, la jalousie, la colère, la haine… et qu'il y a de la place pour la bonté, la générosité, l'accueil, cette présence du soir se révèle moins perturbée par les remous, les agitations du mental, tout ce que l'Inde appelle les *vritis* : les turbulences intérieures.
Lorsqu'il y a moins de toutes ces agitations émotionnelles, de toutes ces perturbations de désirs contrariés, alors s'impose une présence dans le silence où apparaît la réalité, la vérité de la présence du corps, de ce qui est si souvent négligé dans notre cheminement. D'un seul coup, le corps apparaît avec toute sa beauté, toute son exigence, dans l'obligation du corps, la vérité du corps. Alors la méditation devient présence corporelle.

Comment le corps va-t-il célébrer ?

Nous ne sommes pas là pour faire une performance sportive corporelle, mais pour témoigner par le corps d'une qualité transcendante. Le corps doit être témoin de cela même qui transforme notre humanité. Le corps de gloire existe vraiment comme il est écrit dans l'Ancien Testament, il brille à la face de son Dieu et le Dieu brille sur la face de son serviteur. Dans la vie de saint Séraphin de Sarov, qui était un starets, un moine orthodoxe et un grand mystique, on raconte qu'à un moment donné il a témoigné de cette présence lumineuse par tout son corps.

Dans l'Évangile, le Christ témoigne de cette présence sur le mont Thabor par son corps illuminé. Cela veut dire que le stade le plus vrai de la méditation, c'est quand il n'y a que le corps et que le corps devient lui-même le lieu de reconnaissance de Dieu, quand la salle de méditation qu'est le corps devient le lieu de la manifestation du sacré. Alors le corps est le temple, et le temple est le lieu saint. Le corps devient le saint des saints.

C'est quand il n'y a plus là qu'un corps de lumière que se passe un phénomène de contagion, car la grandeur de cet état d'être, c'est de se révéler contagieux corporellement. Quelqu'un qui est transformé au niveau de l'esprit, vous allez devoir le rencontrer au niveau de l'esprit pour être contaminé. Quelqu'un qui est transformé au niveau du cœur, vous allez devoir ouvrir votre cœur pour le rencontrer sur ce plan-là, et être touché. Mais quelqu'un dont l'humanité a été transformée jusque dans le corps, sa simple présence corporelle est l'occasion de vous toucher.

C'est pourquoi ces êtres sont une bénédiction sur terre. On dit que même les animaux sauvages et les forces de la nature sont sensibles à leur présence, parce que leur corps est le vivant témoignage de l'instinct transmuté. Lorsque l'instinct est transmuté, les forces vives du ciel circulent sur la terre. On appelle aussi cela l'avènement du royaume.

Voilà le vrai sens de la méditation. De la même façon que nous sommes confrontés à l'obéissance, à des règles sur le plan de l'esprit et sur le plan du cœur, il est des règles sur le plan de la matière auxquelles on ne peut déroger et qui n'appartiennent pas à la peur de l'homme, mais qui appartiennent à la loi divine. Cela aussi est un long apprentissage qui nécessite humilité, écoute, consécration et engagement réel. Sur ce chemin, vous comprendrez mieux ceux qui ont peint et sculpté des corps de méditants et qui ont su que la méditation n'était pas d'être ailleurs, mais d'être complètement incarné, d'être un corps vivant.

« Assis autour de l'axe de la respiration,
Ayant calmé les tempêtes de l'esprit,
Le méditant se retrouve au bord d'une mer
De lumière infinie.
Il suffit de nager librement
Sans jamais se perdre
Sans quitter sa place. »

Tilopa

Yvan Amar (1950-1999), philosophe mystique, disciple de Chandra Swami Udasin, a renouvelé l'approche de la spiritualité contemporaine. Parmi ses livres citons : *L'Effort et la Grâce*, 1999, chez Albin Michel, *L'Obligation de conscience*, 2004, aux éditions du Relié.

Irisations

ce serait
fulgurer et trembler

ouvrir et rassembler
ébranler le temps

ce serait
changer le cœur
de l'adversaire

ce serait
un passage
vers le tout autre

ce serait
réanimer chaque instant

ne plus se posséder
abandonner tous les garde-
fous

ce serait
une vigilance fraîche
en prise sur notre radar
intime

un éloge du court-circuit

ce serait
une réincarnation permanente

ce serait
une désobéissance retrouvée

respirer respirer
loin des chaînes du connu

ce serait
forcer amoureusement toutes
les portes

une immense ouverture
un déchirement du regard

ce serait
ne jamais ôter
son mystère à la réalité

ce serait
une plongée réenchantée

un corps-espace

ce serait
caresser l'indicible
capter le foisonnement

parier sans fin sur l'illimité

Zéno Bianu
(*Le Désespoir n'existe pas,* Gallimard, 2010)

Né à Paris en 1950, Zéno Bianu est l'auteur d'une œuvre multiforme qui interroge la poésie, le théâtre, le jazz, les arts plastiques et l'Orient.
Ses livres ont notamment été publiés chez Gallimard, Fata Morgana, Actes Sud-Papiers et au Castor Astral.

À travers ses personnages de fer, de résine, d'acier, de mots, de lumières, le grand sculpteur catalan Jaume Plensa nous invite à la transparence, au calme, à la légèreté de l'instant.

Entrer dans le milieu

CONNUE POUR SES INTERPRÉTATIONS SYMBOLIQUES DE LA BIBLE, ANNICK DE SOUZENELLE NOUS LIVRE ICI UNE PROFONDE RÉFLEXION SUR LE MYSTÈRE DE NOTRE QUÊTE DU SENS.

Meditari, « entrer dans le milieu » – lieu du *Mi* –, celui du mystère, *Mi* étant cette constante sémantique universelle qui rend compte de la demeure des dieux, la racine *Ma* désignant celle des Hommes. *Maim* est « l'eau » en hébreu. Mystère de l'eau qui réunit les « eaux-d'en-haut », *Mi,* et les « eaux-d'en-bas », *Ma.* Au deuxième jour de la Genèse biblique, le créateur les différencie les unes des autres, intimement « une » jusque-là, et les relie tout aussitôt dans une intimité qu'assume l'Homme.
« L'Homme est un arbre planté à la rupture des eaux... » (Ps. 1, 3), chante le psalmiste ; ses racines plongent d'une part dans le mystère des eaux-d'en-haut, et en cela il est divin ; et d'autre part dans les eaux-d'en-bas, ce qui fait son identité terrestre, de peu moins mystérieuse.

Qu'on me pardonne d'oser renverser la vapeur de la pensée habituelle, mais peu traditionnelle à mon avis, selon laquelle l'Homme ne serait que « fils adoptif » de Dieu. Je ne vois rien qui justifie cela dans les Écritures. Il est certain que, selon le temps historique qui bat la mesure de notre situation d'exil, l'Homme fait tout d'abord l'expérience de son identité terrestre, si prégnante qu'elle en occulte l'essentielle ; il ne s'éveille guère ou que plus tardivement à celle qui répond à ses racines célestes personnelles. Aussi relativisons-nous la qualité parentale divine pour donner sérieuse et vraie valeur à celle qui s'avère n'en être que la trace. Les traductions des textes bibliques, une fois de plus, semblent nous égarer.

Mais, eu égard aux temps que nous vivons actuellement et dans lesquels beaucoup d'hommes et de femmes, tel Œdipe, se cherchent, il est important de rappeler notre double origine. Cependant nous ne sommes encore, dans le collectif, que les descendants de Qaïn, de celui qui, tuant Abel, tue son identité divine ; en réalité, étant divine, celle-ci ne peut mourir mais être seulement stérilisée ; d'où les nombreux couples de la Bible dont la stérilité physiologique symbolise celle de la part divine de l'être. Et nombre de ceux-là voient un jour lever cet opprobre : *« Et Dieu m'a donné une autre semence à la place d'Abel que Qaïn a tué »* (Gen. 4, 25).

Le mot « semence » est prononcé ! Semence divine, fondatrice de tout être ; *Zer a* en hébreu, dont la dernière lettre, n'existant plus dans nos alphabets, est remplacée par la lettre O, ce qui fait de ce mot *Zer a*, sans doute, l'étymologie de notre « zéro » ! Ce mystérieux zéro qui n'est « rien » est cependant celui sur lequel repose toute l'arithmétique ! Ce rien doit mourir pour que naisse le UN ! *« Si le grain (semence) ne meurt, il ne peut porter de fruits »* (Jean 12, 24).

Voir par le souffle

Je reviens alors au début de cet écrit : *Meditari*, méditer, entrer dans le milieu de soi, n'est-ce pas aller vers cette Semence divine (ce « rien ») semée à la base de notre colonne vertébrale, au niveau du sacrum – espace sacré de la *Séphira*[1] *Yesod* ?

Yesod est le « fondement » ; mais j'entends aussi le « secret », *Sod* , du *Yod*. Or cette lettre *Yod*, première du Saint Nom imprononçable Yod-Hé-Waw-Hé (YHWH), symbolise la Semence du Saint Nom ; elle contient donc toute l'information de son devenir, c'est pourquoi elle est le « fondement » de tout être humain. Elle est la Semence de l'Homme, celle de « l'Arbre planté à la rupture des eaux » dont le fruit sera YHWH.

Le peintre, le poète et le mystique cherchent la cachette de Dieu

Picasso

Le méditant est celui qui, intimement centré, approche ce « rien », cette « semence », et la sent bloquée comme dans un premier temps toute semence est bloquée dans sa balle avant d'être battue pour être mise en terre et germer ; on peut dire qu'au début de toute vie humaine la semence divine qui la fonde est comme prisonnière de la « balle » de l'ego ; mais elle appelle à sa libération ; et c'est elle qu'entend le méditant, appel furtif comme celui des enfants de l'école pour Œdipe.

Longtemps sourd à cet appel, mais un jour, n'y tenant plus, insatisfait, déçu de son identité première, tel Œdipe quittant Corinthe, il se retourne en lui-même, quitte ses références au monde et va vers son centre ; il prend la posture corporelle qui fait caisse de résonance à ce cri du *Yod* !, car il y a relation étroite entre la Semence et le corps tout entier, temple de son devenir.

Dans cette posture qui place l'Homme à la source de son être, le souffle du méditant est comme saisi dans une respiration divine qui lui permet de « voir ».

Et là, c'est vrai, que ce soit dans la transe du sommeil comme l'expérimenta le patriarche biblique Jaqob parti à la recherche de lui-même (son épouse intérieure), ou dans celle de la méditation, l'Homme entre en résonance non seulement avec la Semence, mais avec son fruit présent dans le non-temps et le « non-où » qu'elle est. Silence !, participation à un état seigneurial non encore atteint et cependant déjà là comme avant-goût théophanique !

Que dire de cette intimité si ce n'est qu'elle est aussi nostalgie d'une ontologie plus haute. Exigence donc d'entrer dans un élan créateur, car l'Homme voit, et il voit l'immense chantier qui l'attend ! C'est dire que la méditation est loin d'être un refuge par rapport au monde éclaté en bruits, soucis et activismes prédateurs. Ce retrait intérieur conduit à ce que j'ai appelé « décapitation » pour Œdipe : changement de tête, accès à une dimension de conscience plus haute, à un autre réel... « si le grain ne meurt » !
Comme on bat le blé avant de le faire germer, la Semence *Yod* doit être libérée de sa balle. Mort de l'ego, ou tout au moins retraits progressifs de sa pesanteur, car il faudra, comme Œdipe, entrer dans la ville sainte ; ou, comme Jaqob, monter l'échelle sainte en haut de laquelle l'attend son Seigneur YHWH ! (Gen. 28,12)

... et se désengluer !

Je veux dire que ça fera mal, car il importe de se désengluer d'un conditionnement d'exil qui s'insinue dans l'être comme une normalité et le ravage. Et c'est en ce sens que ce mal est un bien ! Le bien et le mal invitent à un dépassement vers d'autres normes... L'Arbre de la Connaissance biblique est, en une lecture plus profonde, celui de « l'accompli devenu lumière et de l'inaccompli encore dans les ténèbres des eaux-d'en-bas ».
Je ne suis pas sûre que les thérapeutes méditants, recommandant la « pleine conscience » aux êtres qui demandent leur aide, aillent jusqu'à les conduire à cette plénitude qui serait écoute du *Yod* et réponse à son exigence. Ne proposent-ils pas plutôt une attention vive à leurs sensations, émotions et multiples mouvements de leur jungle animale intérieure, pour les apaiser et les installer confortablement dans la léthargie de la normalité, ce qui ne serait ni guérison ni sortie de l'exil ?

La vraie « pleine conscience » est pleine connaissance acquise à partir de la violence totalement intégrée de ce monde animal. L'intégration est le grand œuvre de la vie ; elle est un travail divino-humain dont la part divine est une mystérieuse alchimie jouée dans l'alambic du cœur où l'énergie, fondue au feu céleste et rendue poussière et cendre, devient connaissance.
Mais le travail de l'Homme est un saisissement préalable de l'animal (lion de l'orgueil, serpent de la médisance, etc.), une maîtrise de sa violence, travail dont les héros des mythes rendent compte avec puissance. Dans cette étape, seule peut jouer l'œuvre divine.

Si nous comprenons le « royaume des cieux » biblique comme celui de la pleine conscience acquise par l'actualisation de ce potentiel inouï (l'autre « côté » de l'Homme), nous pouvons alors entendre ce que le Christ dit de lui : *« Le royaume des cieux appartient aux violents et chacun, pour y entrer, doit pénétrer sa violence»* (Luc 6, 16).

Une sourate du Coran le dit aussi par la bouche du Prophète, dans une envolée poétique :

Nous avons proposé notre secret au ciel, à la terre et aux montagnes ;
ils ont tous refusé de s'en charger ; ils ont tremblé de le recevoir.
L'Homme l'a accepté. C'est un inconscient et un violent. (33, 72)

C'est en effet parce que seul l'Homme est infiniment riche d'un potentiel animal inconscient et plein de violence (ça hurle, ça déchire, ça mord, ça tue… en lui) que, nommant petit à petit chaque animal, maîtrisant sa violence et l'investissant dans la réalisation de son énergie, il fera que celle-ci deviendra information.
Le plein accomplissement de ce potentiel conduit l'Homme à la pleine connaissance, à la « pleine conscience », jusqu'à l'acquisition du « secret ».

À ce moment, brisant sa dernière « chrysalide », l'Homme naîtra à la plénitude de son identité divine, à sa dimension seigneuriale.

1. Une Séphira est un des dix vases réceptacles des énergies divines qui structurent le « corps divin » dont le corps humain est l'image. (Nbres 12, 8)

“ *La plus belle expérience que nous pouvons faire est celle du mystère – la source de tout vrai art et de toute vraie science.* ”

Albert Einstein

Annick de Souzenelle,
née en 1922, psychothérapeute,
spécialiste de l'interprétation biblique à partir de l'hébreu.
Son livre le plus connu est *Le Symbolisme du corps humain.*
À lire aussi chez Albin Michel : *La Parole au cœur du corps,* entretiens avec Jean Mouttapa et, au Relié, *Nous sommes coupés en deux* (avec CD audio).

LES PRATIQUES
Comment choisir ?

LES INCONTOURNABLES
A lire, à voir ...

Pra-tique

Q de

Nathalie Ferron

Comment pratiquer ?

**VOUS VOICI PRÊTS À ENTRER DANS LA PRATIQUE.
QUELLE ÉCOLE CHOISIR ?
QUELLE POSTURE ADOPTER ?
NOS CONSEILS POUR BIEN DÉMARRER.**

© Christian Gaudin

Zazen

Le bouddhisme japonais accorde une place centrale à la pratique de la méditation. Pratiquer le zen, c'est faire zazen, c'est-à-dire juste s'asseoir. Il s'agit d'une méditation pratiquée sans support, en silence. Elle est entrecoupée d'une marche consciente de 5 à 10 minutes, appelée kin-hin, chaque pas étant rythmé par l'expir et l'inspir.

Dans le bouddhisme tibétain

On pratique « chiné », le calme mental, parfois appelé « shamatha », à l'aide d'un support (respiration, visualisation, mantra...) ainsi que « vipashyana », la vision pénétrante que l'on obtient à force de pratique et d'entraînement, et qui correspond à un niveau plus profond de réalisation, dénué de concepts et de pensées.

Vipassana

Est issue de la tradition bouddhique du Theravâda du Sud dite du Petit Véhicule. Parmi les grandes figures de cette méthode : le Birman Sayagyi U Ba Khin et le maître indien S.N. Goenka. Elle est pratiquée en Inde, jusque dans certaines prisons. Les pratiquants l'expérimentent sous la forme de retraites silencieuses d'une dizaine de jours.

Un exercice simple pour commencer

Asseyez-vous confortablement le dos droit, vous pouvez aussi vous asseoir sur une chaise.

Concentrez-vous sur votre respiration, sur chaque inspiration et chaque expiration.

L'exercice est simple : il s'agit de compter vos respirations jusqu'à 21, en ayant conscience de chaque inspiration et de chaque expiration. Si vous vous perdez dans le compte, revenez à 1 à chaque fois. Ne vous jugez pas si vous n'y arrivez pas du premier coup.

Réjouissez-vous au contraire d'avoir fait preuve d'attention et de vigilance à chaque fois que vous vous êtes égarés dans vos pensées !

La pleine conscience ou « mindfulness »

Correspond à des pratiques de méditation laïque proposées dans un cadre thérapeutique d'accompagnement à la gestion du stress (MBSR) ou en prévention des rechutes dépressives (MBCT). Ce protocole de formation se déroule sur 8 semaines durant lesquelles les pratiquants s'initient à la pleine conscience. Différents exercices sont proposés (body scan corporel, méditations sur les sons, etc.). Aujourd'hui, la pleine conscience est sortie de son cadre d'origine (psychothérapie) pour investir d'autres espaces comme l'école, l'entreprise, l'hôpital, voire certaines prisons.

Des méditations en action

Parce qu'elles exigent une attention de chaque seconde et qu'elles font intervenir le support de la respiration, certaines pratiques corporelles peuvent être considérées comme des méditations en action à part entière. C'est le cas du yoga, du qi gong, du tai-chi-chuan et de certains arts martiaux, par exemple.

Quel support choisir ?

Parce qu'il nous accompagne en toutes circonstances, notre souffle représente le support le plus simple et aussi le plus naturel. La flamme d'une bougie est également un autre support fréquemment utilisé. Toutefois, certains instructeurs évitent d'y avoir recours, car l'oscillation de la flamme peut empêcher la stabilisation de l'esprit. Les mantras – comme le célèbre « Om Mani Padme Hum » chez les bouddhistes, par exemple – sont fréquemment récités. Enfin, dans certaines traditions comme dans le bouddhisme zen, la méditation se pratique sans support : il s'agit simplement de regarder passer ses pensées comme « des nuages dans le ciel », ou comme l'on regarderait un écran de télé ; cette simple prise de distance avec ce qui se bouscule en nous s'avère salutaire. Notre être essentiel regarde l'être superficiel !

La posture de méditation assise

Même si nous pouvons approcher l'espace de méditation dans les activités de notre vie quotidienne, la posture a toute son importance. C'est elle qui nous permet justement d'« asseoir » notre pratique. Parfois appelée « posture de la montagne », la posture de méditation traditionnelle met en évidence

quelques variantes, selon les écoles, en ce qui concerne notamment la position des mains ou la manière de diriger le regard. Toutefois, dans toutes les traditions, nous retrouvons un point essentiel : avoir le dos droit. La tête est droite, dans le prolongement de la colonne, les épaules sont relâchées, les mains peuvent être posées sur les genoux ou sur les cuisses.
Ou placées comme dans la posture de zazen, c'est-à-dire au niveau du nombril, le dos de la main droite posé dans la paume de la main gauche et les pouces en contact. Les dents et les lèvres reposent naturellement, sans crispation. La bouche peut être légèrement entrouverte. Certains instructeurs préconisent de poser délicatement le bout de la langue sur le palais. Les bras ne sont pas trop serrés le long du corps. Ils sont disposés de telle façon qu'un espace suffisant permette la circulation de l'air. Les jambes sont soit repliées dans la posture du demilotus, soit croisées en tailleur.
Vous pouvez aussi vous asseoir sur les genoux avec un banc de méditation ou un coussin posé sous vos fesses.
Le regard suit le prolongement du nez. Il est posé vers le bas.
Si pour une raison quelconque, vous ne pouvez pas adopter la posture assise, ce n'est pas un problème. Vous pouvez aussi vous asseoir sur une chaise, l'essentiel étant d'avoir le dos droit et les pieds bien ancrés dans le sol.

Méditer les yeux ouverts ou fermés ?

Dans la plupart des écoles bouddhistes, les instructeurs préconisent de garder les yeux mi-clos ou ouverts pour deux raisons principales : éviter la torpeur qui risque de nous gagner à tout moment et favoriser l'intégration de la méditation dans la vie quotidienne. Toutefois, certains instructeurs invitent parfois les débutants qui le souhaitent à fermer les yeux afin de favoriser la concentration.
L'idéal est de passer, au cours de toute méditation, par les trois postures des yeux en privilégiant toutefois les yeux mi-clos, avec un regard à la fois intérieur et extérieur.

Méditer seul ou en groupe ?

Au début, la pratique en groupe peut s'avérer utile : sans guide, il est facile de s'égarer ! L'émulation du groupe favorise également l'assiduité. Dès lors que nous serons un peu familiarisés, nous pourrons commencer à pratiquer seuls. Mais retrouver l'énergie du groupe de temps à autre permet d'aller plus loin.

Combien de temps méditer ?

Pour commencer, inutile de vous lancer dans de longues pratiques. Si vous partez sur des sessions trop longues, vous risquez de vous lasser rapidement et de voir la méditation se transformer en corvée. Au départ, 5 à 10 minutes suffisent. Comme pour l'exercice physique, c'est la régularité davantage que la durée qui compte ! Le tout, c'est de se poser et de calmer l'agitation du corps et de l'esprit. Le grand maître zen Kodo Sawaki disait : « Le geste inclut l'arrêt du geste. La course, l'arrêt de la course... »

« *Plus vous ferez un exercice à fond et plus nombreux seront les secteurs de votre vie fécondés par cette profondeur.* »

Umeji Roshi

Les dessins des chats sont tirés d'une série d'albums cultes pour les 9 à 99 ans illustrés par Christian Gaudin et parus aux éd. du Relié. *Vrai zen pour chats* et *Massages pour chats* sont réédités en mars 2015 en poche et en couleur chez Pocket.

Nathalie Ferron, auteur de *Transformer sa vie par la méditation*, Espaces libres Poche, Albin Michel, 2013.

Où se renseigner ?

Voici quelques sites d'organismes fiables

Méditation de pleine conscience
www.association-mindfulness.org/membres-actifs.php

Méditation vipassana
www.french.dhamma.org

Méditation Zazen
Association Zen Internationale
www.zen-azi.org

Méditation dans la tradition du bouddhisme tibétain
http://france.rigpa.org

École occidentale de méditation (Fabrice Midal)
www.ecole-occidentale-meditation.com

Centre fondé par Arnaud Desjardins
www.amis-hauteville.fr

Union bouddhiste de France
les différents centres répertoriés par (UBF)
www.bouddhisme-france.org

Méditation France
www.meditationfrance.com

Fédération nationale des enseignants de yoga (FNEY)
info@fney.asso.fr

Fédération des enseignants de qi gong (FEQGAE)
federationqigong.com

Où pratiquer le yoga pour enfants :

www.qee.fr
www.yogaminiparis.com
http://mini-tigre.com

Et quelques ouvrages :

Exercices d'éveil pour petits chatons, Christian Gaudin, Sabine Rochas, Marc de Smedt, éd. du Relié

Le Yoga de Kika, Ulrika Dezé, éd. Milan.

Léa et le chat yogi, d'Ursula Karven, éd. La Plage.

Le Yoga des petits, Rebecca Whitford et Martina Selway, éd. Gallimard Jeunesse.

Mon premier livre de yoga, Gilles Diederichs et Marion Billet, éd. Nathan.

À lire pour aller

Yvan Amar
La Conscience corporelle,
éd. du Relié, Poche.

Dr Frédéric Rosenfeld
Méditer, c'est se soigner,
éd. Les Arènes.

Karlfried Dürckheim
L'Esprit guide, entretiens,
éd. Albin Michel, Poche.

Frédéric Lenoir
Petit Traité de vie intérieure,
éd. Plon.

Gregorio Manzur
Les Mouvements du silence,
éd. Albin Michel, Poche.

Fabrice Midal
Méditations sur l'amour bienveillant,
éd. Audiolib.

Marc de Smedt
Retrouver l'esprit de la méditation, (+ CD audio),
éd. du Relié.

Arnaud Desjardins
Les Chemins de la sagesse,
éd. La Table Ronde.

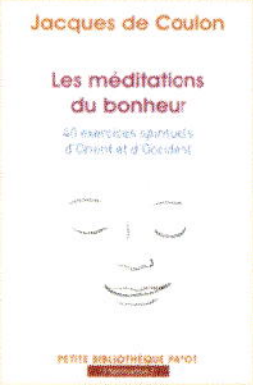

Jacques de Coulon
Les Méditations du bonheur,
éd. Petite Bibliothèque Payot.

Matthieu Ricard
Plaidoyer pour le bonheur
éd. Pocket.

encore plus loin

Taisen Deshimaru
Questions à un maître zen,
éd. Albin Michel, Poche.

Roland Rech
Manuel de méditation zen,
éd. du Relié.

Vénérable Hénépola Gunaratana
Méditer au quotidien : Une pratique simple du bouddhisme
éd. Marabout, Poche.

Thich Nhat Hanh
Pratique de la méditation à chaque instant : Petit guide pour nos vies trop occupées,
éd. Le Courrier du Livre.

Dr Jacques Vigne
Vaincre l'anxiété (+ CD audio),
éd. le Relié.

Pema Chödrön
Conseils d'une amie pour des temps difficiles,
éd. Pocket.

Jean-Yves Leloup
L'Assise et la Marche,
éd. Albin Michel.

Daniel Odier
Chan & Zen : le jardin des iconoclastes,
éd. Pocket.

Sages paroles du Dalaï-Lama,
présentées par Catherine Barry,
éd. Éditions 1.

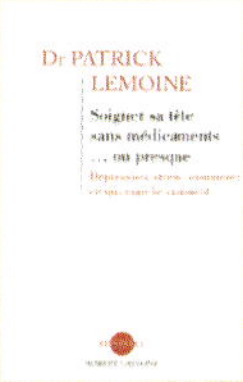

Dr Patrick Lemoine
Soigner sa tête sans médicaments... ou presque,
éd. Robert Laffont.

Question de n°1

“On ne reçoit pas la sagesse.
Il faut la découvrir soi-même, après un trajet
que personne ne peut faire pour nous.”

Marcel Proust

Question de est une revue bi-annuelle
publiée en co-édition par les éditions Albin Michel
(22, rue Huyghens, 75014 Paris) et
la SARL Question de (BP 21, 84220 Gordes)

Directeur de la publication et de la rédaction
Marc de Smedt

Direction artistique
Françoise Oppermann

Conseils graphiques
Marie de Smedt
Philippe Narcisse

Relations presse
Joëlle Faure – 01 42 79 10 05
Frédérique Pons – 01 42 79 10 93
frederique.pons@albin-michel.fr

Directrice de la fabrication
Brigitte Fontaine

Correctrices
Nelly Lhermillier
Katia Robel

Illustrateurs
Christine Ferrer, Françoise Oppermann, Robert Crumb
Christian Roux, Rosa-ly Chave

Ont participé à ce numéro
Fabrice Midal, Élisabeth Marshall, Dr Jacques Vigne, Élisabeth D. Inandiak, Jean-Philippe de Tonnac, Christine Kristof-Lardet, Philippe Nassif, Thierry Janssen, Isabelle Sorente, Serge Valletti, Aurélie Godefroy, Christophe André, Zéno Bianu, Annick de Souzenelle, Élisabeth Chave, Matthieu Ricard, Daniel Odier, Catherine Despeux, Roland Rech, Olivier Py, Nathalie Ferron, Nadège Amar, Gilles Farcet, Brigitte Anne Neveux, Michel Rawicki, Piotr Klemenseiwicz, Viwa, Remi Michel.

Nous remercions
Francis et Alexis Esménard, Bertrand Favreul, Agnès Fruman, Jean Mouttapa, Anne-Sophie Jouanneau, Jean-Yves Bry, Nathalie Collard, Gil Rousseaux, Marie-Pierre Coste-Billon, Bérangère Mitteau, Sylvie Fullin, Olivia de Smedt, Laurence de Vestel, Frédéric Dol (lamaisonsurlasorgue.com), David Desrimais, Mathieu Cénac, Guy et Claudia Trédaniel, Cesare Rancilio, Mario Martino, Kamila Regent et Pierre Jaccaud (Gallery Chambre avec vue, Saignon), Agnès Cohade & Ana Gonzales (Art Shanghai Gallery).

Webmasters du site questionde.com
Brian Bondet et François Watel

Diffusion/distribution
France : Albin Michel/Hachette
Belgique : Dilibel
Suisse : Diffulivre
Canada : Messageries ADP

Imprimeur
Pollina
Z.I. de Chasnais, 85407 Luçon cedex France.

PEFC 10-31-2065 / Certifié PEFC / pefc-france.org

ISBN : 9782226258472
Dépôt légal à parution
Achevé d'imprimer : novembre 2014

Prochain Question de :
Automne 2015

“Comme en vous contemplant
dans un miroir :
la forme et le reflet
se regardent.
Vous n’êtes pas le reflet
mais le reflet est vous.”

Maître Tozan, *Hokyo Zan Mai*, IXe siècle